La guía para el ganador de almas

NASHVILLE DALLAS MÉXICO DF. RÍO DE JANEIRO

Publicado en Nashville, Tennessee, Estados Unidos de América. Grupo Nelson, Inc. es una subsidiaria que pertenece completamente a Thomas Nelson, Inc. Grupo Nelson es una marca registrada de Thomas Nelson, Inc. www.gruponelson.com

Título en inglés: *Soul Winner's Guide*

Publicado por Thomas Nelson, Inc.

Editora General: *Graciela Lelli*

ISBN: 978-1-60255-819-9

Impreso en Estados Unidos de América

12 13 14 15 16 BTY 9 8 7 6 5 4 3 2 1

La Gran Comisión

Y Jesús se acercó y les habló diciendo: Toda potestad me es dada en el cielo y en la tierra. Por tanto, id, y haced discípulos a todas las naciones, bautizándolos en el nombre del Padre, y del Hijo, y del Espíritu Santo; enseñándoles que guarden todas las cosas que os he mandado; y he aquí yo estoy con vosotros todos los días, hasta el fin del mundo. Amén.

—*Mateo 28.18–20* (RVR1960)

Contenido

Elogios

La guía para el ganador de almas es un excelente recurso basado en las Escrituras para capacitarle en la medida en que participe en la evangelización. Las respuestas bíblicas para superar preguntas difíciles le prepararán para dirigir a aquellos que buscan aceptar a Cristo como su Salvador personal. Recomiendo mucho esta obra para cualquier persona que desee convertirse en un ganador de almas y para cumplir así la Gran Comisión.

Doctor Johnny Hunt
Pastor principal, First Baptist Church
Woodstock, Georgia

Jack Countryman [el editor del original en inglés] es apasionado por lo relacionado con conocer a Cristo. Desde lo profundo de su corazón y con su experiencia, ha proporcionado este medio para todos los seguidores de Cristo. *La guía para el ganador de almas* es elemental, útil y motivadora. Le ayudará a ganar a sus amigos para Jesucristo. Asimismo, ayudará a su iglesia para alcanzar al mundo. Le sugiero firmemente que la obtenga para usted y que le cuente a su iglesia al respecto. Debemos finalizar la tarea juntos.

Doctor Ronnie W. Floyd
Pastor principal, Cross Church
Northwest Arkansas

La guía para el ganador de almas es un destacado recurso que nos capacita para ayudar a la gente a entender el amor de Dios y su plan para sus vidas. La Palabra de Dios es siempre la clave para entender la libertad que tenemos en Cristo. Vamos a utilizar esta útil guía con índice de las Escrituras para ayudar a nuestra congregación a alcanzar a los que estamos llamados a impactar con el amor y el mensaje de Jesucristo.

Doctor Tom Mullins
Pastor fundador, Christ Fellowship Church
Palm Beach Gardens, Florida

La guía para el ganador de almas es un recurso excepcional para cualquier persona comprometida con la Gran Comisión de Cristo. Jack Countryman expone un plan de la salvación sencillo así como una valiosa colección de pasajes bíblicos que tratan con las preguntas difíciles de la vida y las promesas infalibles de Dios. Un gran instrumento para capacitarnos a fin de difundir las buenas nuevas. Espero usarlo.

Bryant Wright
Pastor principal, Johnson Ferry Baptist Chureh,
Marietta, Georgia
Presidente de la Convención Bautista del Sur

Al principio de mi ministerio, me comprometí a ganar doscientas personas para Cristo cada año, siempre que fuera posible. Me propuse esa meta y estuve a punto de cumplirla, gané 187 en un año y eso fue en reuniones cara a cara. Cuando me formulaban una pregunta que no podía contestar, me prometía volver a la persona con la respuesta. Con el tiempo, me aprendí las respuestas a la mayoría de las preguntas que una persona podría preguntar. *La guía para el ganador de almas* es la herramienta perfecta para todo el que quiera ganar a alguien para Cristo. Las preguntas que puedan plantearle son respondidas escrituralmente, lo cual le ha de preparar para ser el ganador de almas que Dios quiere que sea.

John Maxwell
Conferencista, autor de best sellers y pastor

Mi mentor, el doctor Adrian Rogers, solía decir: «Si usted no está ganando personas para Jesucristo, no está bien con Dios». Para aquellos que aspiran a seguir a Cristo, que «vino a buscar y a salvar lo que se había perdido», Jack Countryman ha provisto una valiosa herramienta que será a la vez poderosa y productiva. Fácil de usar, basada en las Escrituras y minuciosamente argumentada, constituye una gran adición para el arsenal del ganador de almas que he de llevar conmigo como una ayuda para difundir el evangelio.

Doctor James Merritt
Pastor, Cross Pointe Church, Duluth, Georgia

Escrituras para las excusas y dificultades de la gente

Rendición de cuentas del creyente.

Mas si andamos en la luz, como Él está en la luz, tenemos comunión los unos con los otros, y la sangre de Jesús su Hijo nos limpia de todo pecado. Si decimos que no tenemos pecado, nos engañamos a nosotros mismos y la verdad no está en nosotros. Si confesamos nuestros pecados, Él es fiel y justo para perdonarnos los pecados y para limpiarnos de toda maldad.

—*1 Juan 1.7–9* (BLA)

Porque es necesario que todos nosotros comparezcamos ante el tribunal de Cristo, para que cada uno reciba según lo que haya hecho mientras estaba en el cuerpo, sea bueno o sea malo. Conociendo, pues, el temor del Señor, persuadimos a los hombres; pero a Dios le es manifiesto lo que somos; y espero que también lo sea a vuestras conciencias.

—*2 Corintios 5.10–11* (RVR1960)

Hijitos míos, les escribo estas cosas para que no cometan pecado. Aunque si alguno comete pecado, tenemos ante el Padre un defensor, que es Jesucristo, y él es justo. Jesucristo se ofreció en sacrificio para que nuestros pecados sean perdonados; y no sólo los nuestros, sino los de todo el mundo.

—*1 Juan 2.1–2* (DHH)

Temo que no puedo vivirlo.

¡Al único Dios, nuestro Salvador, que puede guardarlos para que no caigan, y establecerlos sin tacha y con gran alegría ante su gloriosa presencia!

—*Judas 24* (NVI)

Estoy convencido de que Dios empezó una buena obra entre ustedes y la continuará hasta completarla el día en que Jesucristo regrese.

—*Filipenses 1.6* (PDT)

Pero con Cristo estoy juntamente crucificado, y ya no vivo yo, sino que Cristo vive en mí; y lo que ahora vivo en la carne, lo vivo en la fe del Hijo de Dios, el cual me amó y se entregó a sí mismo por mí.

—*Gálatas 2.20* (RVC)

Siempre he sido cristiano.

He aquí, en maldad he sido formado, y en pecado me concibió mi madre.

—*Salmo 51.5* (RVR1960)

Mas a todos los que lo recibieron, a quienes creen en su nombre, les dio potestad de ser hechos hijos de Dios.

—*Juan 1.12* (RVR1995)

Respondió Jesús, y díjole: De cierto, de cierto te digo, que el que no naciere otra vez, no puede ver el reino de Dios.

—*Juan 3.3* (RVA)

Distracciones (mundanas).

No quieran ustedes ser como los pecadores del mundo, ni tampoco hacer lo que ellos hacen. Quienes lo hacen, no aman a Dios el Padre. Las cosas que ofrece la gente del mundo no vienen de Dios, sino de los pecadores de este mundo. Y éstas son las cosas que el mundo nos ofrece: los malos deseos, la ambición de tener todo lo que vemos, y el orgullo de poseer muchas riquezas. Pero lo malo de este mundo, y de todo lo que ofrece, está por acabarse. En cambio, el que hace lo que Dios manda vive para siempre.

—*1 Juan 2.15–17* (TLA)

Entonces, ya sea que comáis, que bebáis, o que hagáis cualquier otra cosa, hacedlo todo para la gloria de Dios.

—*1 Corintios 10.31* (BLA)

Absteneos de toda especie de mal.

—*1 Tesalonicenses 5.22* (RVR1960)

Un creyente que no se arrepiente.

No se engañen ustedes: nadie puede burlarse de Dios. Lo que se siembra, se cosecha. El que siembra en los malos deseos, de sus malos deseos recogerá una cosecha de muerte. El que siembra en el Espíritu, del Espíritu recogerá una cosecha de vida eterna.

—*Gálatas 6.7–8* (DHH)

Porque el Señor al que ama, disciplina, y azota a todo el que recibe por hijo.

—*Hebreos 12.6* (RVR1995)

Por lo cual hay muchos enfermos y debilitados entre vosotros, y muchos duermen.

—*1 Corintios 11.30* (RVR1960)

La Biblia es la Palabra de Dios.

Ningún profeta habló por su propia cuenta. Al contrario, todos ellos hablaron de parte de Dios y fueron guiados por el Espíritu Santo.

—*2 Pedro 1.21* (TLA)

Toda Escritura es inspirada por Dios y útil para enseñar, para reprender, para corregir, para instruir en justicia.

—*1 Timoteo 3.16* (BLA)

Por lo cual también nosotros sin cesar damos gracias a Dios, de que cuando recibisteis la palabra de Dios que oísteis de nosotros, la recibisteis no como palabra de hombres, sino según es en verdad, la palabra de Dios, la cual actúa en vosotros los creyentes.

—*1 Tesalonicenses 2.13* (RVR1960)

No puedo creer.

Pero no es posible agradar a Dios sin tener fe, porque para acercarse a Dios, uno tiene que creer que existe y que recompensa a los que lo buscan.

—*Hebreos 11.6* (DHH)

Pero los cobardes, incrédulos, abominables, asesinos, inmorales, hechiceros, idólatras, y todos los mentirosos tendrán su herencia en el lago que arde con fuego y azufre, que es la muerte segunda.

—*Apocalipsis 21.8* (NBLH)

Confía en el SEÑOR con todo tu corazón, no dependas de tu propio entendimiento. Busca su voluntad en todo lo que hagas, y él te mostrará cuál camino tomar.

—*Proverbios 3.5–6* (NTV)

No puedo perdonar.

«¿No debiste haber mostrado compasión con tu compañero, así como yo la tuve contigo?» Por esta razón, el rey se enojó muchísimo y entregó al siervo a los torturadores hasta que pagara todo lo que le debía. Así los tratará mi Padre que está en el cielo si ustedes no perdonan de todo corazón a sus hermanos.

—*Mateo 18.33–35* (PDT)

Porque si perdonan a otros sus ofensas, también los perdonará a ustedes su Padre celestial.

—*Mateo 6.14* (NVI)

En vez de eso, sean bondadosos y misericordiosos, y perdónense unos a otros, así como también Dios los perdonó a ustedes en Cristo.

—*Efesios 4.32* (RVC)

No puedo renunciar a mis amigos.

¡Adúlteros!, ¿no sabéis que la amistad del mundo es enemistad contra Dios? Cualquiera, pues, que quiera ser amigo del mundo se constituye en enemigo de Dios.

—*Santiago 4.4* (RVR1995)

Y Dios, que levantó al Señor, también a nosotros nos levantará con su poder. ¿No sabéis que vuestros cuerpos son miembros de Cristo? ¿Quitaré, pues, los miembros de Cristo y los haré miembros de una ramera? De ningún modo. ¿O no sabéis que el que se une con una ramera, es un cuerpo con ella? Porque dice: Los dos serán una sola carne. Pero el que se une al Señor, un espíritu es con él. Huid de la fornicación. Cualquier otro pecado que el hombre cometa, está fuera del cuerpo; mas el que fornica, contra su propio cuerpo peca.

—*1 Corintios 6.14–18* (RVR1960)

No envidies ni busques la amistad de los malvados.

—*Proverbios 24.1* (TLA)

No puedo entender la Biblia.

Y si todavía nuestro evangelio está velado, para los que se pierden está velado.

—*2 Corintios 4.3* (BLA)

Pero el hombre natural no percibe las cosas que son del Espíritu de Dios, porque para él son locura, y no las puede entender, porque se han de discernir espiritualmente.

—*1 Corintios 2.14* (RVR1960)

Pero ellos se negaron a entender esto, y todavía ahora, cuando leen la antigua alianza, ese mismo velo les impide entender, pues no les ha sido quitado, porque solamente se quita por medio de Cristo. Hasta el día de hoy, cuando leen los libros de Moisés, un velo cubre su entendimiento. Pero cuando una persona se vuelve al Señor, el velo se le quita.

—*2 Corintios 3.14–16* (DHH)

No tengo que asistir a la iglesia.

No dejando de congregarnos, como algunos tienen por costumbre, sino exhortándonos unos a otros, y mucho más al ver que el día se acerca.

—*Hebreos 10.25* (NBLH)

Adoraban juntos en el templo cada día, se reunían en casas para la Cena del Señor y compartían sus comidas con gran gozo y generosidad.

—*Hechos 2.46* (NTV)

¡Qué tonto eres! ¿Quieres convencerte de que la fe sin obras es estéril?

—*Santiago 2.20* (NVI)

Membresía de iglesia.

Jesús le respondió: —Te digo la verdad: el que no nace de nuevo, no puede tener parte en el reino de Dios.

—*Juan 3.3* (PDT)

Jesús le dijo: Yo soy el camino, y la verdad, y la vida; nadie viene al Padre, sino por mí.

—*Juan 14.6* (RVC)

Y éste es el testimonio: que Dios nos ha dado vida eterna y esta vida está en su Hijo. El que tiene al Hijo tiene la vida; el que no tiene al Hijo de Dios no tiene la vida.

—*1 Juan 5.11–12* (RVR1995)

Con la muerte todo termina.

Y de la manera que está establecido á los hombres que mueran una vez, y después el juicio.

—*Hebreos 9.27* (RVA)

Había un hombre rico, que se vestía de púrpura y de lino fino, y hacía cada día banquete con esplendidez. Había también un mendigo llamado Lázaro, que estaba echado a la puerta de aquél, lleno de llagas, y ansiaba saciarse de las migajas que caían de la mesa del rico; y aun los perros venían y le lamían las llagas. Aconteció que murió el mendigo, y fue llevado por los ángeles al seno de Abraham; y murió también el rico, y fue sepultado.Y en el Hades alzó sus ojos, estando en tormentos, y vio de lejos a Abraham, y a Lázaro en su seno. Entonces él, dando voces, dijo: Padre

Abraham, ten misericordia de mí, y envía a Lázaro para que moje la punta de su dedo en agua, y refresque mi lengua; porque estoy atormentado en esta llama.

—*Lucas 16.19–24* (RVR1960)

Entonces vi un gran trono blanco, y al que estaba sentado en él. Y en su presencia desaparecieron la tierra y el cielo, y nadie volvió a verlos. Y vi que todos los que habían muerto, tanto los humildes como los poderosos, estaban de pie delante del trono. Y fueron abiertos los libros donde está escrito todo lo que cada uno hizo. También se abrió el libro donde están escritos los nombres de todos los que vivirán con Dios para siempre. Los muertos fueron juzgados de acuerdo con lo que habían hecho y con lo que decían los libros. Los que murieron en el mar se presentaron delante de Dios para que él los juzgara, y lo mismo hicieron los que estaban en el reino de la muerte. Todos los muertos fueron juzgados de acuerdo con lo que habían hecho. Luego, la Muerte y el reino de la muerte fueron lanzados al lago de fuego. Los que caen en este lago quedan separados de Dios para siempre, y allí fueron arrojados todos los que no tenían sus nombres escritos en el libro de la vida eterna.

—*Apocalipsis 20.11–15* (TLA)

Todos iremos al cielo.

El que cree en el Hijo tiene vida eterna; pero el que no obedece al Hijo no verá la vida, sino que la ira de Dios permanece sobre él.

—*Juan 3.36* (BLA)

El que creyere y fuere bautizado, será salvo; mas el que no creyere, será condenado.

—*Marcos 16.16* (RVR1960)

A fin de que sean condenados todos los que no han querido creer en la verdad, sino que se complacen en la maldad.

—*2 Tesalonicenses 2.12* (DHH)

No me siento listo.

Porque por gracia ustedes han sido salvados por medio de la fe, y esto no procede de ustedes, sino que es don de Dios; no por obras, para que nadie se gloríe.

—*Efesios 2.8–9* (NBLH)

Sin embargo, los que el Padre me ha dado, vendrán a mí, y jamás los rechazaré.

—*Juan 6.37* (NTV)

Y el testimonio es éste: que Dios nos ha dado vida eterna, y esa vida está en su Hijo. El que tiene al Hijo, tiene la vida; el que no tiene al Hijo de Dios, no tiene la vida.

—*1 Juan 5.11–12* (NVI)

Dios es demasiado bueno como para condenar a alguien.

Dios no dejó sin castigo a los ángeles que pecaron. Al contrario, los envió al infierno y los puso en cavernas oscuras, donde estarán hasta el día del juicio.

—*2 Pedro 2.4* (PDT)

El que crea y sea bautizado, se salvará; pero el que no crea, será condenado.

—*Marcos 16.16* (RVC)

A fin de que sean juzgados todos los que no creyeron en la verdad sino que se complacieron en la iniquidad.

—*2 Tesalonicenses* 2.12 (BLA)

La existencia de Dios.

Porque lo que de Dios se conoce les es manifiesto, pues Dios se lo manifestó. Porque las cosas invisibles de él, su eterno poder y deidad, se hacen claramente visibles desde la creación del mundo, siendo entendidas por medio de las cosas hechas, de modo que no tienen excusa.

—*Romanos 1.19–20* (RVR1960)

El cielo proclama la gloria de Dios; de su creación nos habla la bóveda celeste.

—*Salmo 19.1* (DHH)

E indiscutiblemente, grande es el misterio de la piedad; Él fue manifestado en la carne, vindicado en el Espíritu, contemplado por ángeles, proclamado entre las naciones, creído en el mundo, recibido arriba en gloria.

—*1 Timoteo 3.16* (NBLH)

¿Cómo sabemos si existe el cielo?

Ora de la siguiente manera: Padre nuestro que estás en el cielo, que sea siempre santo tu nombre.

—*Mateo 6.9* (NTV)

De hecho, sabemos que si esta tienda de campaña en que vivimos se deshace, tenemos de Dios un edificio, una casa eterna en el cielo, no construida por manos humanas.

—*2 Corintios 5.1* (NVI)

Luego vi un cielo nuevo y una tierra nueva. El primer cielo y la primera tierra habían desaparecido. El mar ya no existía. También vi la ciudad santa, la nueva Jerusalén que bajaba del cielo, desde donde está Dios. La ciudad estaba arreglada como una novia para su novio, lista para casarse.

Oí una fuerte voz del cielo que decía: Ahora, el hogar de Dios está con los seres humanos y él vivirá con ellos. Serán su pueblo y Dios mismo estará con ellos como su Dios. Él secará todas sus lágrimas, y ya no habrá muerte ni sufrimiento, ni llanto, ni dolor, porque el mundo que existía antes ya desapareció.

—*Apocalipsis 21.1–4* (PDT)

¿Cómo sabemos que hay un infierno?

Había un hombre rico, que se vestía de púrpura y de lino fino, y cada día celebraba espléndidos banquetes. Había también un mendigo llamado Lázaro, que lleno de llagas pasaba el tiempo echado a la puerta de aquél, ansioso de saciarse con las migajas que caían de la mesa del rico, y hasta los perros venían y le lamían las llagas. Llegó el día en que el mendigo murió, y los ángeles se lo llevaron al lado de Abrahán. Después murió también el rico, y fue sepultado. Cuando el rico estaba en el Hades, en medio de tormentos, alzó sus ojos y, a lo lejos, vio a Abrahán, y a Lázaro junto a él. Entonces gritó: «Padre Abrahán, ¡ten compasión de mí! ¡Envía a Lázaro para que moje la punta de su dedo en agua, y me refresque la lengua, porque estas llamas me atormentan!»

—*Lucas 16.19–24* (RVC)

Entonces dirá también á los que estarán á la izquierda: Apartaos de mí, malditos, al fuego eterno preparado para el diablo y para sus ángeles.

—*Mateo 25.41* (RVA)

Tengan más bien temor de Dios, pues él no sólo puede quitarles la vida, sino que también puede enviarlos al infierno. A él sí deben tenerle miedo.

—*Lucas 12.5* (TLA)

Hipócritas, demasiados.

De modo que cada uno de nosotros dará a Dios cuenta de sí mismo.

—*Romanos 14.12* (BLA)

Y lo castigará, condenándolo a correr la misma suerte que los hipócritas. Entonces vendrán el llanto y la desesperación.

—*Mateo 24.51* (DHH)

Trabajen de buena gana en todo lo que hagan, como si fuera para el Señor y no para la gente.

—*Colosenses 3.23* (NTV)

Yo oro cada día.

Jesús le respondió: Te digo la verdad: el que no nace de nuevo, no puede tener parte en el reino de Dios.

—*Juan 3.3* (PDT)

Pero a los que lo aceptaron y creyeron en él, les dio el derecho de ser hijos de Dios.

—*Juan 1.12* (PDT)

Mira, aquí estoy llamando a la puerta. Si alguien escucha mi voz y abre la puerta, entraré, cenaré con él y él conmigo.

—*Apocalipsis 3.20* (PDT)

Testigos de Jehová.

Respondió Jesús y le dijo: De cierto, de cierto te digo, que el que no naciere de nuevo, no puede ver el reino de Dios.

—*Juan 3.3* (RVR1960)

Porque por gracia sois salvos por la fe; y esto no de vosotros, pues es don de Dios: No por obras, para que nadie se gloríe.

—*Efesios 2.8–9* (RVA)

Pero sabemos que el Hijo de Dios ha venido, y nos ha dado entendimiento para conocer al que es verdadero; y estamos en el verdadero, en su Hijo Jesucristo. Este es el verdadero Dios, y la vida eterna.

—*1 Juan 5.20* (RVR1960)

El pueblo judío.

Todos nosotros nos descarriamos como ovejas, nos apartamos cada cual por su camino; pero el Señor hizo que cayera sobre Él la iniquidad de todos nosotros.

—*Isaías 53.6* (NBLH)

—De veras te aseguro que quien no nazca de nuevo no puede ver el reino de Dios —dijo Jesús.

—*Juan 3.3* (NVI)

Y así como Moisés levantó la serpiente en el desierto, así también es necesario que el Hijo del Hombre sea levantado, para que todo aquel que en él cree no se pierda, sino que tenga vida eterna. Porque de tal manera amó Dios al mundo, que ha dado a su Hijo unigénito, para que todo aquel que en él cree no se pierda, sino que tenga vida eterna. Porque Dios no envió a su Hijo al mundo para condenar al mundo, sino para que el mundo sea salvo por él. El que en él cree, no es condenado; pero el que no cree, ya ha sido condenado, porque no ha creído en el nombre del unigénito Hijo de Dios.

—*Juan 3.14–18* (RVC)

Mormonismo.

Le respondió Jesús: —De cierto, de cierto te digo que el que no nace de nuevo no puede ver el reino de Dios.

—*Juan 3.3* (RVR1995)

Ustedes han sido salvados porque aceptaron el amor de Dios. Ninguno de ustedes se ganó la salvación, sino que Dios se la regaló. La salvación de ustedes no es el resultado de sus propios esfuerzos. Por eso nadie puede sentirse orgulloso.

—*Efesios 2.8–9* (TLA)

Sin embargo, sabiendo que el hombre no es justificado por las obras de la ley, sino mediante la fe en Cristo Jesús, también nosotros hemos creído en Cristo Jesús, para que seamos justificados por la fe en Cristo, y no por las obras de la ley; puesto que por las obras de la ley nadie será justificado.

—*Gálatas 2.16* (BLA)

Debo mejorar primero.

Todo lo que el Padre me da, vendrá a mí; y al que viene a mí, de ningún modo lo echaré fuera.

—*Juan 6.37* (BLA)

El Señor dice: Vengan, vamos a discutir este asunto. Aunque sus pecados sean como el rojo más vivo, yo los dejaré blancos como la nieve; aunque sean como tela teñida de púrpura, yo los dejaré blancos como la lana.

—*Isaías 1.18* (DHH)

Mas el publicano, estando lejos, no quería ni aun alzar los ojos al cielo, sino que se golpeaba el pecho, diciendo: Dios, sé propicio a mí, pecador. Os digo que éste descendió a su casa justificado antes que el otro; porque cualquiera que se enaltece, será humillado; y el que se humilla será enaltecido.

—*Lucas 18.13–14* (RVR1960)

No, por ahora.

Pues Él dice: «En el tiempo propicio te escuché, y en el día de salvación te socorrí.» Pero ahora es «El tiempo propicio»; ahora es «El día de salvación.»

—*2 Corintios 6.2* (NBLH)

No te jactes del mañana, ya que no sabes lo que el día traerá.

—*Proverbios 27.1* (NTV)

Pero el Señor dijo: Mi espíritu no permanecerá en el ser humano para siempre, porque no es más que un simple mortal; por eso vivirá solamente ciento veinte años.

—*Génesis 6.3* (NVI)

No estoy dispuesto a renunciar a mi pecado.

Entonces todos los que no quisieron creer en la verdad y que disfrutaban haciendo el mal, serán condenados.

—*2 Tesalonicenses 2.12* (PDT)

No se engañen. Dios no puede ser burlado. Todo lo que el hombre siembre, eso también cosechará. El que siembra para sí mismo, de sí mismo cosechará corrupción; pero el que siembra para el Espíritu, del Espíritu cosechará vida eterna.

—*Gálatas 6.7–8* (RVC)

Entonces la concupiscencia, después que ha concebido, da a luz el pecado; y el pecado, siendo consumado, da a luz la muerte.

—*Santiago 1.15* (RVR1960)

Otras religiones.

Le respondió Jesús: —De cierto, de cierto te digo que el que no nace de nuevo no puede ver el reino de Dios.

—*Juan 3.3* (RVR1995)

Jesús le dice: Yo soy el camino, y la verdad, y la vida: nadie viene al Padre, sino por mí.

—*Juan 14.6* (RVA)

Sólo hay un Dios, y sólo hay uno que puede ponernos en paz con Dios: Jesucristo, el hombre.

—*1 Timoteo 2.5* (TLA)

Temor a la persecución.

Bienaventurados seréis cuando os insulten y persigan, y digan todo género de mal contra vosotros falsamente, por causa de mí. Regocijaos y alegraos, porque vuestra recompensa en los cielos es grande, porque así persiguieron a los profetas que fueron antes que vosotros.

—*Mateo 5.11–12* (BLA)

Pues tengo por cierto que las aflicciones del tiempo presente no son comparables con la gloria venidera que en nosotros ha de manifestarse.

—*Romanos 8.18* (RVR1960)

Si sufrimos con valor, tendremos parte en su reino; si le negamos, también él nos negará.

—*2 Timoteo 2.12* (DHH)

La dilación.

Pues Él dice: «En el tiempo propicio te escuché, y en el día de salvación te socorrí.» Pero ahora es «El tiempo propicio»; ahora es «El día de salvación.»

—*2 Corintios 6.2* (NBLH)

Sé sabio, hijo mío, y alegra mi corazón. Entonces podré responder a los que me critican.

—*Proverbios 27.11* (NTV)

Pero el Señor dijo: Mi espíritu no permanecerá en el ser humano para siempre.

—*Génesis 6.3* (NVI)

Fariseísmo o falsa piedad.

Había unos que creían que siempre hacían el bien. Estaban tan seguros de sí mismos que menospreciaban a los demás. Jesús contó esta historia para ellos: Dos hombres fueron al templo a orar. Uno era un fariseo y el otro era un cobrador de impuestos. El fariseo, puesto de pie, se puso a orar consigo mismo así: «Dios, te doy gracias porque no soy como los demás. No soy como los ladrones, los injustos, los que cometen el pecado de adulterio, ni tampoco como este cobrador de impuestos. Ayuno dos veces a la semana y doy la décima parte de todo lo que adquiero». En cambio, el cobrador de impuestos estaba de pie a cierta distancia. Cuando oró ni siquiera levantó la vista al cielo, sino que se golpeaba el pecho para mostrar que estaba arrepentido, y decía: «¡Dios, ten compasión de mí porque soy un pecador!» Les digo que este se fue a su casa aprobado por Dios pero el otro no, porque el que se cree mucho será humillado, pero el que se humilla recibirá honor.

—*Lucas 18.9–14* (PDT)

Ciertamente la gracia de Dios los ha salvado por medio de la fe. Ésta no nació de ustedes, sino que es un don de Dios; ni es resultado de las obras, para que nadie se vanaglorie.

—*Efesios 2.8–9* (RVC)

Nos salvó, no por obras de justicia que nosotros hubiéramos hecho, sino por su misericordia, por el lavamiento de la regeneración y por la renovación en el Espíritu Santo.

—*Tito 3.5* (RVR1960)

Lo que cuenta es la sinceridad.

Hay camino que al hombre le parece derecho, pero es camino que lleva a la muerte.

—*Proverbios 14.12* (RVR1995)

Jesús le dice: Yo soy el camino, y la verdad, y la vida: nadie viene al Padre, sino por mí.

—*Juan 14.6* (RVA)

Pero aquellos que la aceptaron y creyeron en ella, llegaron a ser hijos de Dios.

—*Juan 1.12* (TLA)

Espiritismo.

Ahora bien, las obras de la carne son evidentes, las cuales son: inmoralidad, impureza, sensualidad, idolatría, hechicería, enemistades, pleitos, celos, enojos, rivalidades, disensiones, sectarismos, envidias, borracheras, orgías y cosas semejantes, contra las cuales os advierto, como ya os lo he dicho antes, que los que practican tales cosas no heredarán el reino de Dios.

—*Gálatas 5.19–21* (BLA)

Pero los cobardes e incrédulos, los abominables y homicidas, los fornicarios y hechiceros, los idólatras y todos los mentirosos tendrán su parte en el lago que arde con fuego y azufre, que es la muerte segunda.

—*Apocalipsis 21.8* (RVR1960)

Y si alguien recurre a espíritus y adivinos, y se corrompe por seguirlos, yo me pondré en contra de esa persona y la eliminaré de entre su pueblo.

—*Levítico 20.6* (DHH)

Demasiado pecador.

Por lo cual Él también es poderoso para salvar para siempre a los que por medio de Él se acercan a Dios, puesto que vive perpetuamente para interceder por ellos.

—*Hebreos 7.25* (NBLH)

Sin embargo, los que el Padre me ha dado, vendrán a mí, y jamás los rechazaré.

—*Juan 6.37* (NTV)

Pero si vivimos en la luz, así como él está en la luz, tenemos comunión unos con otros, y la sangre de su Hijo Jesucristo nos limpia de todo pecado.

—*1 Juan 1.7* (NVI)

Demasiado para rendirse.

De nada vale tener todo el mundo y perder la vida. Nadie podrá pagar lo suficiente para recuperar su vida.

—*Marcos 8.36–37* (PDT)

Por lo tanto, busquen primeramente el reino de Dios y su justicia, y todas estas cosas les serán añadidas.

—*Mateo 6.33* (RVC)

No améis al mundo, ni las cosas que están en el mundo. Si alguno ama al mundo, el amor del Padre no está en él. Porque todo lo que hay en el mundo, los deseos de la carne, los deseos de los ojos, y la vanagloria de la vida, no proviene del Padre, sino del mundo. Y el mundo pasa, y sus deseos; pero el que hace la voluntad de Dios permanece para siempre.

—*1 Juan 2.15–17* (RVR1960)

Cómo ir al cielo.

Jesús le dijo: —Yo soy el camino, la verdad y la vida; nadie viene al Padre sino por mí.

—*Juan 14.6* (RVR1995)

Porque por gracia sois salvos por la fe; y esto no de vosotros, pues es don de Dios: No por obras, para que nadie se gloríe.

—*Efesios 2.8–9* (RVA)

Sabemos muy bien que Dios sólo acepta a los que confían en Jesucristo, y que nadie se salva sólo por obedecer la ley. Nosotros mismos hemos confiado en Jesucristo, para que Dios nos acepte por confiar en él. Porque Dios no aceptará a nadie sólo por obedecer la ley.

—*Gálatas 2.16* (TLA)

El pecado imperdonable.

Por eso os digo: todo pecado y blasfemia será perdonado a los hombres, pero la blasfemia contra el Espíritu no será perdonada. Y a cualquiera que diga una palabra contra el Hijo del Hombre, se le perdonará; pero al que hable contra el Espíritu Santo, no se le perdonará ni en este siglo ni en el venidero.

—*Mateo 12.31–32* (BLA)

Todo lo que el Padre me da, vendrá a mí; y al que a mí viene, no le echo fuera.

—*Juan 6.37* (RVR1960)

Porque esto es lo que dice: Todos los que invoquen el nombre del Señor, alcanzarán la salvación.

—*Romanos 10.13* (DHH)

Si Dios quiere salvarme, me lo dirá.

Pues Él dice: «En el tiempo propicio te escuché, y en el día de salvación te socorrí.» Pero ahora es «El tiempo propicio»; ahora es «El día de salvación.»

—*2 Corintios 6.2* (NBLH)

El corazón humano es lo más engañoso que hay, y extremadamente perverso. ¿Quién realmente sabe qué tan malo es?

—*Jeremías 17.9* (NTV)

Vengan, pongamos las cosas en claro —dice el Señor—. ¿Son sus pecados como escarlata? ¡Quedarán blancos como la nieve! ¿Son rojos como la púrpura? ¡Quedarán como la lana!

—*Isaías 1.18* (NVI)

Dónde pasaré la eternidad depende de Dios.

Pero a los que lo aceptaron y creyeron en él, les dio el derecho de ser hijos de Dios.

—*Juan 1.12* (PDT)

Pero si no les parece bien servirle, escojan hoy a quién quieren servir, si a los dioses que sus padres adoraron cuando aún estaban al otro lado del río, o a los dioses que sirven los amorreos en esta tierra donde ahora ustedes viven. Por mi parte, mi casa y yo serviremos al Señor.

—*Josué 24.15* (RVC)

Hay caminos que el hombre considera rectos, pero que al final conducen a la muerte.

—*Proverbios 14.12* (RVC)

Las obras me han de llevar al cielo.

Porque por gracia sois salvos por medio de la fe; y esto no de vosotros, pues es don de Dios; no por obras, para que nadie se gloríe.

—*Efesios 2.8–9* (RVR1960)

Nos salvó, no por obras de justicia que nosotros hubiéramos hecho, sino por su misericordia, por el lavamiento de la regeneración y por la renovación en el Espíritu Santo.

—*Tito 3.5* (RVR1995)

Sabiendo que el hombre no es justificado por las obras de la ley, sino por la fe de Jesucristo, nosotros también hemos creído en Jesucristo, para que fuésemos justificados por la fe de Cristo, y no por las obras de la ley; por cuanto por las obras de la ley ninguna carne será justificada.

—*Gálatas 2.16* (RVA)

Dios nos dio a conocer sus leyes por medio de Moisés, pero por medio de Jesucristo nos hizo conocer el amor y la verdad. Nadie ha visto a Dios jamás; pero el Hijo único, que está más cerca del Padre, y que es Dios mismo, nos ha enseñado cómo es él. Gracias a lo que el Hijo de Dios es, hemos recibido muchas bendiciones.

—*Juan 1.17* (TLA)

Ahora os encomiendo a Dios y a la palabra de su gracia, que es poderosa para edificaros y daros la herencia entre todos los santificados.

—*Hechos 20.32* (BLA)

El plan de salvación de Dios

Prefacio

Porque tanto amó Dios al mundo, que dio a su Hijo unigénito, para que todo el que cree en él no se pierda, sino que tenga vida eterna.

—*Juan 3.16* (NVI)

Juan 3.16 es uno de los versículos bíblicos más conocidos en todo el mundo. Como afirma Max Lucado: «Es el diamante de la esperanza de la Biblia».

La Biblia es el libro más grande que jamás se haya escrito. En ella, Dios mismo habla a la humanidad. La Biblia no es simplemente un libro. Se trata de una biblioteca completa de libros que cubren toda la gama de la literatura. Incluye historia, poesía, drama, biografía, profecía, filosofía, ciencia y lectura inspiradora. ¿Cómo sabe usted que la Biblia es verdad? Dios declara en Isaías 46.9–10: «Acordaos de las cosas pasadas desde los tiempos antiguos; porque yo soy Dios, y no hay otro Dios, y nada hay semejante a mí, que anuncio lo porvenir desde el principio, y desde la antigüedad lo que aun no era hecho; que digo: Mi consejo permanecerá, y haré todo lo que quiero» (RVR1960).

Como D. James Kennedy lo reveló en su libro *Why I Believe* (*Por qué creo*):

> Las profecías de la Biblia son asombrosamente específicas y detalladas. Se deben cumplir al pie de la letra.

No pueden ser solo buenas conjeturas, ya que se ocupaban de las cosas que no tenían ninguna posibilidad de llegar a suceder. Ellas predecían precisamente lo opuesto a las expectativas naturales de los seres humanos. No podrían haber sido escritas después de los acontecimientos y garantizadas como profecías ya que, en cientos de casos, el cumplimiento de las mismas no ocurrió hasta siglos después de la muerte de los profetas. En todos los escritos de Buda, Confucio y Lao Tse, usted no encontrará un solo ejemplo de profecía. En el Corán (los escritos de Mahoma) no hay muestra de una profecía específica —cumplida en sí misma— de que él, Mahoma, regresaría a La Meca, algo muy diferente de las profecías del Antiguo Testamento acerca de Cristo y su propia profecía, en la que dijo que regresaría de la tumba. Una se puede cumplir con facilidad por la propia decisión del hombre, mientras que la otra es imposible para cualquier ser humano.

La Biblia se divide en dos secciones: El Antiguo Testamento describe la creación y caída del hombre, además revela el plan redentor de Dios por medio de Cristo. El Nuevo Testamento abarca el tiempo del nacimiento de Jesús, su vida, muerte, resurrección, ascensión al cielo y su decisivo regreso a la tierra. En la tierra, Dios se reveló a través de Jesucristo como se evidencia en Juan 14.9, donde Jesús dijo: «¿Tanto tiempo hace que estoy con vosotros, y no me has conocido, Felipe? El que me ha visto a mí, ha visto al Padre» (RVR1960). Colosenses 2.9 afirma: «Porque en él habita corporalmente toda la plenitud de la Deidad» (RVR1960).

Solo la Biblia puede realmente responder las preguntas más relevantes que la humanidad, a través de los siglos, se ha planteado:

«¿De dónde vengo?»

«¿A dónde voy?»

«¿Por qué estoy aquí?»

«¿Cómo puedo saber la verdad?»

Solo la Biblia revela la verdad acerca de Dios, explica el origen del hombre, señala la única manera de conocer a Dios y cómo vivir en su presencia ahora y por la eternidad.

El Nuevo Testamento revela a Dios a través de la vida de Cristo. Nos enseña que somos muy amados por Dios, que es justo y santo, y que no tolera el pecado. Por eso es que Dios, debido a su gran amor por nosotros, decidió enviar a su Hijo a tomar nuestro lugar de castigo. Romanos 5.8 declara: «Mas Dios muestra su amor para con nosotros, en que siendo *aún pecadores, Cristo murió por nosotros*» (RVR1960, énfasis añadido).

Jesús dijo: «Yo soy el camino, y la verdad y la vida; nadie viene al Padre, sino por mí» (Juan 14.6, RVR1960).

En la Biblia aprendemos: «Que si confesares con tu boca que Jesús es el Señor, y creyeres en tu corazón que Dios le levantó de los muertos, serás salvo. Porque con el corazón se cree para justicia, pero con la boca se confiesa para salvación» (Romanos 10.9–10, RVR1960).

Además, Jesús se nos revela a través de las Escrituras: «Yo he venido para que tengan vida, y para que la tengan en abundancia» (Juan 10.10, RVR1960).

¿Se imagina a alguien que ame tanto que muriera por usted? El Nuevo Testamento sigue revelando el amor de Dios por nosotros en Romanos 8.38–39: «Por lo cual estoy seguro de que ni la muerte, ni la vida, ni ángeles, ni principados, ni potestades, ni lo presente, ni lo por venir, ni lo alto, ni lo profundo, ni ninguna otra cosa creada nos podrá separar del amor de Dios, que es en Cristo Jesús Señor nuestro» (RVR1960).

La Biblia es la historia del maravilloso amor de Dios por usted, un amor tan profundo e intencional que «ha dado a su Hijo unigénito, para que todo aquel que en él cree, no se pierda, mas tenga vida eterna» (Juan 3.16, RVR1960).

Jesús dice: «He aquí, yo estoy a la puerta y llamo; si alguno oye mi voz y abre la puerta, entraré a él, y cenaré con él, y él conmigo» (Apocalipsis 3.20, RVR1960).

Acepte el divino regalo de la salvación. Usted no puede ganárselo, no puede remplazarlo ni ser lo suficientemente bueno como para comprarlo, pero puede recibirlo porque Dios quiere dárselo.

Efesios 2.8–9 revela: «Porque por gracia sois salvos por medio de la fe; y esto no de vosotros, pues es don de Dios, no por obras, para que nadie se gloríe» RVR1960. Y luego, en Juan 1.12–13, leemos: «Mas a todos los que le recibieron, a los que creen en su nombre, les dio potestad de ser hechos hijos de Dios: los cuales no son engendrados de sangre, ni de voluntad de carne, ni de voluntad de varón, sino de Dios».

Así que empiece el viaje más maravilloso de su vida, ¡el que continuará por toda la eternidad! Diríjase a Dios en oración; confiese que es un pecador que necesita la maravillosa gracia de Dios, que cree que Jesús es el Hijo de Dios —que murió en la cruz por usted— y que desea la abundante, eterna e íntima comunión con él, la que prometió darle cuando usted creyera.

El plan de salvación de Dios

Por tanto, tal como el pecado entró en el mundo por un hombre, y la muerte por el pecado, así también la muerte se extendió a todos los hombres, porque todos pecaron.

—*Romanos 5.12* (BLA)

Por cuanto todos pecaron, y están destituidos de la gloria de Dios, siendo justificados gratuitamente por su gracia, mediante la redención que es en Cristo Jesús.

—*Romanos 3.23–24* (RVR1960)

El pago que da el pecado es la muerte, pero el don de Dios es vida eterna en unión con Cristo Jesús, nuestro Señor.

—*Romanos 6.23* (DHH)

Pero Dios demuestra su amor para con nosotros, en que siendo aún pecadores, Cristo murió por nosotros.

—*Romanos 5.8* (NBLH)

Ahora, amados hermanos, permítanme recordarles la Buena Noticia que ya les prediqué. En ese entonces, la recibieron con gusto y todavía permanecen firmes en ella. Esa es la Buena Noticia que los salva si ustedes siguen creyendo el mensaje que les prediqué, a menos que hayan creído algo que a principio de cuentas nunca fue cierto. Yo les transmití a ustedes lo más importante y lo que se me había transmitido a mí también. Cristo murió por nuestros pecados tal como dicen las Escrituras. Fue enterrado y al tercer día fue levantado de los muertos, tal como dicen las Escrituras.

—*1 Corintios 15.1–4* (NTV)

Dios no envió a su Hijo al mundo para condenar al mundo, sino para salvarlo por medio de él.

—*Juan 3.17* (NVI)

El que cree en el Hijo tiene vida eterna. En cambio, el que lo rechaza nunca tendrá esa vida, sino que la ira de Dios permanece sobre él.

—*Juan 3.36* (PDT)

Porque de tal manera amó Dios al mundo, que ha dado a su Hijo unigénito, para que todo aquel que en él cree no se pierda, sino que tenga vida eterna.

—*Juan 3.16* (RVC)

Mas a todos los que le recibieron, a los que creen en su nombre, les dio potestad de ser hechos hijos de Dios.

—*Juan 1.12* (RVR1960)

Porque por gracia sois salvos por medio de la fe; y esto no de vosotros, pues es don de Dios. No por obras, para que nadie se gloríe.

—*Efesios 2.8–9* (RVR1995)

He aquí, yo estoy á la puerta y llamo: si alguno oyere mi voz y abriere la puerta, entraré á él, y cenaré con él, y él conmigo.

—*Apocalipsis 3.20* (RVA)

Más bien, la Biblia dice: El mensaje de Dios está cerca de ti; está en tu boca y en tu corazón. Y ese mismo mensaje es el que les traemos: que debemos confiar en Dios. Pues si ustedes reconocen con su propia boca que Jesús es el Señor, y si creen de corazón que Dios lo resucitó, entonces se librarán del castigo que merecen. Pues si creemos de todo corazón, seremos aceptados por Dios; y si con nuestra boca reconocemos que Jesús es el Señor, Dios nos salvará.

—*Romanos 10.8–10* (TLA)

Por tanto, todo el que me confiese delante de los hombres, yo también le confesaré delante de mi Padre que está en los cielos.

—*Mateo 10.32* (BLA)

Y este es el testimonio: que Dios nos ha dado vida eterna; y esta vida está en su Hijo. El que tiene al Hijo, tiene la vida; el que no tiene al Hijo de Dios no tiene la vida. Estas cosas os he escrito a vosotros que creéis en el nombre del Hijo de Dios, para que sepáis que tenéis vida eterna, y para que creáis en el nombre del Hijo de Dios.

—*1 Juan 5.11–13* (RVR1960)

Promesas de Dios para cada una de sus necesidades

CRISTO ES—Señor de usted.

Por lo cual Dios también le exaltó hasta lo sumo, y le confirió el nombre que es sobre todo nombre, para que al nombre de Jesús se doble toda rodilla de los que están en el cielo, y en la tierra, y debajo de la tierra, y toda lengua confiese que Jesucristo es Señor, para gloria de Dios Padre.

—*Filipenses 2.9-11* (BLA)

Que si confesares con tu boca que Jesús es el Señor, y creyeres en tu corazón que Dios le levantó de los muertos, serás salvo. Porque con el corazón se cree para justicia, pero con la boca se confiesa para salvación.

—*Romanos 10.9–10* (RVR1960)

«¿Por qué me llaman ustedes, "Señor, Señor", y no hacen lo que les digo?»

—*Lucas 6.46* (DHH)

Ni presenten los miembros de su cuerpo al pecado como instrumentos de iniquidad, sino preséntense ustedes mismos a Dios como vivos de entre los muertos, y sus miembros a Dios como instrumentos de justicia. Porque el pecado no tendrá dominio sobre ustedes, pues no están bajo la ley sino bajo la gracia. Libertados del Pecado ¿Entonces qué? ¿Pecaremos porque no estamos bajo la ley, sino bajo la gracia? ¡De ningún modo! ¿No saben ustedes que cuando se presentan como esclavos a alguien para obedecerle, son esclavos de aquél a quien obedecen, ya sea del pecado para muerte, o de la obediencia para justicia?

—*Romanos 6.13–16* (NBLH)

Por lo tanto, amados hermanos, les ruego que entreguen su cuerpo a Dios por todo lo que él ha hecho a favor de ustedes. Que sea un sacrificio vivo y santo, la clase de sacrificio que a él le agrada. Esa es la verdadera forma de adorarlo. No imiten las conductas ni las costumbres de este mundo, más bien dejen que Dios los transforme en personas nuevas al cambiarles la manera de pensar. Entonces aprenderán a conocer la voluntad de Dios para ustedes, la cual es buena, agradable y perfecta.

—*Romanos 12.1–2* (NTV)

¿Acaso no saben que su cuerpo es templo del Espíritu Santo, quien está en ustedes y al que han recibido de parte de Dios? Ustedes no son sus propios dueños; fueron comprados por un precio. Por tanto, honren con su cuerpo a Dios.

—*1 Corintios 6.19–20* (NVI)

Entonces que todo Israel sepa que al hombre que mataron en la cruz, Dios lo convirtió en Señor y Mesías.

—*Hechos 2.36* (PDT)

Pues si vivimos, para el Señor vivimos, y si morimos, para el Señor morimos. Así que, ya sea que vivamos, o que muramos, somos del Señor.

—*Romanos 14.8* (RVC)

¡Bendito sea el Señor! ¡Cada día nos colma de beneficios el Dios de nuestra salvación!

—*Salmo 68.19* (RVR1995)

Y en cuanto á mí, el acercarme á Dios es el bien: He puesto en el Señor Jehová mi esperanza, para contar todas tus obras.

—*Salmo 73.28* (RVA)

Dios mío, tú eres bueno y sabes perdonar; ¡qué grande es tu amor por los que te buscan!

—*Salmo 86.5* (TLA)

El Señor Dios me ayuda, por eso no soy humillado, por eso como pedernal he puesto mi rostro, y sé que no seré avergonzado.

—*Isaías 50.7* (BLA)

Y amarás al Señor tu Dios con todo tu corazón, y con toda tu alma, y con toda tu mente y con todas tus fuerzas. Este es el principal mandamiento.

—*Marcos 12.30* (RVR1960)

El rey David, refiriéndose a Jesús, dijo: «Yo veía siempre al Señor delante de mí; con él a mi derecha, nada me hará caer».

—*Hechos 2.25* (DHH)

CRISTO ES SU—amor.

Pero Dios demuestra su amor para con nosotros, en que siendo aún pecadores, Cristo murió por nosotros.

—*Romanos 5.8* (NBLH)

Pues Dios amó tanto al mundo que dio a su único Hijo, para que todo el que crea en él no se pierda, sino que tenga vida eterna.

—*Juan 3.16* (NTV)

Queridos hermanos, amémonos los unos a los otros, porque el amor viene de Dios, y todo el que ama ha nacido de él y lo conoce. El que no ama no conoce a Dios, porque Dios es amor. Así manifestó Dios su amor entre nosotros: en que envió a su Hijo unigénito al mundo para que vivamos por medio de él. En esto consiste el amor: no en que nosotros hayamos amado a Dios, sino en que él nos amó y envió a su Hijo para que fuera ofrecido como sacrificio por el perdón de nuestros pecados. Queridos hermanos, ya que Dios nos ha amado así, también nosotros debemos amarnos los unos a los otros. Nadie ha visto jamás a Dios, pero si nos amamos los unos a los otros, Dios permanece entre nosotros, y entre nosotros su amor se ha manifestado plenamente.

—*1 Juan 4.7–12* (NVI)

Así sabemos que Dios nos ama y confiamos en el amor que él nos tiene. Dios es amor. El que permanece en el amor, permanece en Dios y Dios en él . . . Nosotros amamos porque Dios nos amó primero.

—*1 Juan 4.16, 19* (PDT)

Así como el Padre me ha amado, así también yo los he amado a ustedes; permanezcan en mi amor. Si obedecen mis mandamientos, permanecerán en mi amor; así como yo he obedecido los mandamientos de mi Padre, y permanezco en su amor. Estas cosas les he hablado, para que mi gozo esté en ustedes, y su gozo sea completo. Éste es mi mandamiento: Que se amen unos a otros, como yo los he amado. Nadie tiene mayor amor que éste, que es el poner su vida por sus amigos . . . Éste es mi mandamiento para ustedes: Que se amen unos a otros.

—*Juan 15.9–13, 17* (RVC)

Para que habite Cristo por la fe en vuestros corazones, a fin de que, arraigados y cimentados en amor, seáis plenamente capaces de comprender con todos los santos cuál sea la anchura, la longitud, la profundidad y la altura, y de conocer el amor de Cristo, que excede a todo conocimiento, para que seáis llenos de toda la plenitud de Dios.

—*Efesios 3.17–19* (RVR1960)

Yo amo a los que me aman, y me hallan los que temprano me buscan.

—*Proverbios 8.17* (RVR1995)

Jehová se manifestó á mí ya mucho tiempo há, diciendo: Con amor eterno te he amado; por tanto te soporté con misericordia.

—*Jeremías 31.3* (RVA)

Israel, Israel, yo volveré a casarme contigo y serás mi esposa para siempre. Cuando tú seas mi esposa, realmente llegarás a conocerme; seré para ti un esposo fiel, sincero y lleno de amor.

—*Oseas 2.19* (TLA)

El que tiene mis mandamientos y los guarda, ése es el que me ama; y el que me ama será amado por mi Padre; y yo lo amaré y me manifestaré a él.

—*Juan 14.21* (BLA)

De día el Señor me envía su amor, y de noche no cesa mi canto ni mi oración al Dios de mi vida.

—*Salmo 42.8* (DHH)

Y ahora permanecen la fe, la esperanza, el amor: estos tres; pero el mayor de ellos es el amor.

—*1 Corintios 13.13* (NBLH)

Y estoy convencido de que nada podrá jamás separarnos del amor de Dios. Ni la muerte ni la vida, ni ángeles ni demonios, ni nuestros temores de hoy ni nuestras preocupaciones de mañana. Ni siquiera los poderes del infierno pueden separarnos del amor de Dios. Ningún poder en las alturas ni en las profundidades, de hecho, nada en toda la creación podrá jamás separarnos del amor de Dios, que está revelado en Cristo Jesús nuestro Señor.

—*Romanos 8.38–39* (NTV)

CRISTO ES SU—paz.

Al de carácter firme lo guardarás en perfecta paz, porque en ti confía.

—*Isaías 26.3* (NVI)

Pero ahora, unidos a Jesucristo ya no están lejos de Dios porque la muerte de Cristo los acercó a Dios. Cristo nos trajo la paz y es quien nos ha unido a todos en un solo pueblo. Antes, los judíos y los que no son judíos se odiaban y estaban divididos como si un muro los separara, pero Cristo murió para derrumbar ese muro de odio.

—*Efesios 2.13–14* (PDT)

Porque un niño nos ha nacido, ¡un hijo nos ha sido concedido! Sobre sus hombros llevará el principado, y su nombre será «Consejero admirable», «Dios fuerte», «Padre Eterno» y «Príncipe de paz». La extensión de su imperio y la paz en él no tendrán límite. Reinará sobre el trono de David y sobre su reino, y lo afirmará y confirmará en la justicia y el derecho, desde ahora y para siempre. Esto lo hará el celo del Señor de los ejércitos.

—*Isaías 9.6–7* (RVC)

Y el Dios de paz aplastará en breve a Satanás bajo vuestros pies. La gracia de nuestro Señor Jesucristo sea con vosotros.

—*Romanos 16.20* (RVR1960)

Jehová, tú nos darás paz, porque también nos hiciste todas nuestras obras.

—*Isaías 26.12* (RVR1995)

Practiquen todas las enseñanzas que les he dado, hagan todo lo que me vieron hacer y me oyeron decir, y Dios, que nos da su paz, estará con ustedes siempre.

—*Filipenses 4.9* (TLA)

Por tanto, habiendo sido justificados por la fe, tenemos paz para con Dios por medio de nuestro Señor Jesucristo.

—*Romanos 5.1* (BLA)

Y la paz de Dios gobierne en vuestros corazones, a la que asimismo fuisteis llamados en un solo cuerpo; y sed agradecidos.

—*Colosenses 3.15* (RVR1960)

Yo me acuesto tranquilo y me duermo en seguida, pues tú, Señor, me haces vivir confiado.

—*Salmo 4.8* (DHH)

El Señor dará fuerza a Su pueblo; el Señor bendecirá a Su pueblo con paz.

—*Salmo 29.11* (NBLH)

Les dejo un regalo: paz en la mente y en el corazón. Y la paz que yo doy es un regalo que el mundo no puede dar. Así que no se angustien ni tengan miedo.

—*Juan 14.27* (NTV)

No se inquieten por nada; más bien, en toda ocasión, con oración y ruego, presenten sus peticiones a Dios y denle gracias. Y la paz de Dios, que sobrepasa todo entendimiento, cuidará sus corazones y sus pensamientos en Cristo Jesús.

—*Filipenses 4.6–7* (NVI)

CRISTO ES SU—perdón.

Dios nos eligió para que así se le honre por su grandioso amor, que nos dio gratuitamente por medio de su Hijo amado. La sangre que Cristo derramó en su muerte pagó el rescate para librarnos de la esclavitud. Es decir, que Dios es tan generoso que perdona nuestras faltas.

—*Efesios 1.6–7* (PDT)

Has perdonado la iniquidad de tu pueblo, has perdonado todos sus pecados.

—*Salmo 85.2* (RVC)

De modo que si alguno está en Cristo, nueva criatura es; las cosas viejas pasaron; he aquí todas son hechas nuevas.

—*2 Corintios 5.17* (RVR1960)

Cuanto está lejos el oriente del occidente, hizo alejar de nosotros nuestras rebeliones.

—*Salmo 103.12* (RVR1995)

Hijitos míos, estas cosas os escribo, para que no pequéis; y si alguno hubiere pecado, abogado tenemos para con el Padre, á Jesucristo el justo.

—*1 Juan 2.1* (RVA)

Pero si reconocemos ante Dios que hemos pecado, podemos estar seguros de que él, que es justo, nos perdonará y nos limpiará de toda maldad.

—*1 Juan 1.9* (TLA)

Soportándoos unos a otros y perdonándoos unos a otros, si alguno tiene queja contra otro; como Cristo os perdonó, así también hacedlo vosotros.

—*Colosenses 3.13* (BLA)

Y cuando estéis orando, perdonad, si tenéis algo contra alguno, para que también vuestro Padre que está en los cielos os perdone a vosotros vuestras ofensas.

—*Marcos 11.25* (RVR1960)

Ustedes, en otro tiempo, estaban muertos espiritualmente a causa de sus pecados y por no haberse despojado de su naturaleza pecadora; pero ahora Dios les ha dado vida juntamente con Cristo, en quien nos ha perdonado todos los pecados.

—*Colosenses 2.13* (DHH)

Los limpiaré de toda la maldad que los llevó a pecar contra mí, y les perdonaré todos los pecados que cometieron contra mí, y también sus rebeldías.

—*Jeremías 33.8* (RVC)

Porque seré propicio a sus injusticias, y nunca más me acordaré de sus pecados y de sus iniquidades.

—*Hebreos 8.12* (RVR1960)

Yo, yo soy quien borro tus rebeliones por amor de mí mismo, y no me acordaré de tus pecados.

—*Isaías 43.25* (RVR1995)

Deje el impío su camino, y el hombre inicuo sus pensamientos; y vuélvase á Jehová, el cual tendrá de él misericordia, y al Dios nuestro, el cual será amplio en perdonar.

—*Isaías 55.7* (RVA)

Vengan ya, vamos a discutir en serio, a ver si nos ponemos de acuerdo. Si ustedes me obedecen, yo los perdonaré. Sus pecados los han manchado como con tinta roja; pero yo los limpiaré. ¡Los dejaré blancos como la nieve! Entonces comerán de lo mejor de la tierra.

—*Isaías 1.18* (TLA)

¡Cuán bienaventurado es aquel cuya transgresión es perdonada, cuyo pecado es cubierto! ¡Cuán bienaventurado es el hombre a quien el SEÑOR no culpa de iniquidad, y en cuyo espíritu no hay engaño!

—*Salmo 32.1–2* (BLA)

CRISTO ES SU—comunión.

Lo que hemos visto y oído, eso os anunciamos, para que también vosotros tengáis comunión con nosotros; y nuestra comunión verdaderamente es con el Padre, y con su Hijo Jesucristo.

—*1 Juan 1.3* (RVR1960)

Dios siempre cumple sus promesas, y él es quien los llamó a vivir en unión con su Hijo Jesucristo, nuestro Señor.

—*1 Corintios 1.9* (DHH)

Yo estoy a la puerta y llamo; si alguien oye Mi voz y abre la puerta, entraré a él, y cenaré con él y él conmigo.

—*Apocalipsis 3.20* (NBLH)

El SEÑOR dice: Grita y alégrate, oh Jerusalén hermosa, porque yo vengo a vivir en medio de ti.

—*Zacarías 2.10* (NTV)

Le contestó Jesús: —El que me ama, obedecerá mi palabra, y mi Padre lo amará, y haremos nuestra vivienda en él.

—*Juan 14.23* (NVI)

Porque donde se reúnen dos o tres en mi nombre, yo estoy allí en medio de ellos.

—*Mateo 18.20* (PDT)

Permanezcan en mí, y yo en ustedes. Así como el pámpano no puede llevar fruto por sí mismo, si no permanece en la vid, así tampoco ustedes, si no permanecen en mí. Yo soy la vid y ustedes los pámpanos; el que permanece en mí, y yo en él, éste lleva mucho fruto; porque separados de mí ustedes nada pueden hacer. Si permanecen en mí, y mis palabras permanecen en ustedes, pidan todo lo que quieran, y se les concederá.

—*Juan 15.4–5, 7* (RVC)

Por tanto, si hay alguna consolación en Cristo, si algún consuelo de amor, si alguna comunión del Espíritu, si algún afecto entrañable, si alguna misericordia, completad mi gozo, sintiendo lo mismo, teniendo el mismo amor, unánimes, sintiendo una misma cosa.

—*Filipenses 2.1–2* (RVR1960)

Compañero soy yo de todos los que te temen y guardan tus mandamientos.

—*Salmo 119.63* (RVR1995)

Y andad en amor, como también Cristo nos amó y se entregó a sí mismo por nosotros, ofrenda y sacrificio a Dios en olor fragante... Hablando entre vosotros con salmos, con himnos y cánticos espirituales, cantando y alabando al Señor en vuestros corazones... Porque somos miembros de su cuerpo, de su carne y de sus huesos.

—*Efesios 5.2, 19, 30* (RVR1995)

El que tiene mis mandamientos, y los guarda, aquél es el que me ama; y el que me ama, será amado de mi Padre, y yo le amaré, y me manifestaré á él.

—*Juan 14.21* (RVA)

Jesucristo nos enseñó que Dios es luz, y que donde Dios está no hay oscuridad. Éste es el mensaje que ahora les anunciamos. Si decimos que somos amigos de Dios y, al mismo tiempo, vivimos pecando, entonces resultamos ser unos mentirosos que no obedecen a Dios. Pero si vivimos en la luz, así como Dios vive en la luz, nos mantendremos unidos como hermanos y Dios perdonará nuestros pecados por medio de la sangre de su Hijo Jesús.

—*1 Juan 1.5–7* (TLA)

CRISTO ES SU—modelo.

Porque para este propósito habéis sido llamados, pues también Cristo sufrió por vosotros, dejándoos ejemplo para que sigáis sus pisadas.

—*1 Pedro 2.21* (BLA)

Sed, pues, imitadores de Dios como hijos amados. Y andad en amor, como también Cristo nos amó, y se entregó a sí mismo por nosotros, ofrenda y sacrificio a Dios en olor fragante.

—*Efesios 5.1–2* (RVR1960)

Tengan unos con otros la manera de pensar propia de quien está unido a Cristo Jesús, el cual: Aunque existía con el mismo ser de Dios, no se aferró a su igualdad con él, sino que renunció a lo que era suyo y tomó naturaleza de siervo. Haciéndose como todos los hombres y presentándose como un hombre cualquiera, se humilló a sí mismo, haciéndose obediente hasta la muerte, hasta la muerte en la cruz.

—*Filipenses 2.5–8* (DHH)

El que dice que permanece en Él, debe andar como Él anduvo.

—*1 Juan 2.6* (NBLH)

Pero entre ustedes será diferente. El que quiera ser líder entre ustedes deberá ser sirviente, y el que quiera ser el primero entre ustedes deberá ser esclavo de los demás. Pues ni aun el Hijo del Hombre vino para que le sirvan, sino para servir a otros y para dar su vida en rescate por muchos.

—*Marcos 10.43–45* (NTV)

Pues si yo, el Señor y el Maestro, les he lavado los pies, también ustedes deben lavarse los pies los unos a los otros. Les he puesto el ejemplo, para que hagan lo mismo que yo he hecho con ustedes.

—*Juan 13.14, 15* (NVI)

Les estoy dando un mandamiento nuevo: que se amen los unos a los otros. Ámense tal como yo los amé.

—*Juan 13.34* (PDT)

En esto hemos conocido el amor: en que él dio su vida por nosotros. Así también nosotros debemos dar nuestra vida por los hermanos.

—*1 Juan 3.16* (RVC)

Pero el Dios de la paciencia y de la consolación os dé entre vosotros un mismo sentir según Cristo Jesús, para que unánimes, a una voz, glorifiquéis al Dios y Padre de nuestro Señor Jesucristo. Por tanto, recibíos los unos a los otros, como también Cristo nos recibió, para gloria de Dios.

—*Romanos 15.5–7* (RVR1960)

Soportándoos unos a otros, y perdonándoos unos a otros si alguno tuviere queja contra otro. De la manera que Cristo os perdonó, así también hacedlo vosotros.

—*Colosenses 3.13* (RVR1960)

Puestos los ojos en Jesús, el autor y consumador de la fe, el cual por el gozo puesto delante de él sufrió la cruz, menospreciando el oprobio, y se sentó a la diestra del trono de Dios. Considerad a aquel que sufrió tal contradicción de pecadores contra sí mismo, para que vuestro ánimo no se canse hasta desmayar,

—*Hebreos 12.2–3* (RVR1995)

CRISTO ES SU—seguridad.

Bendito el Dios y Padre de nuestro Señor Jesucristo, que según su grande misericordia nos ha regenerado en esperanza viva, por la resurrección de Jesucristo de los muertos, Para una herencia incorruptible, y que no puede contaminarse, ni marchitarse, reservada en los cielos Para nosotros que somos guardados en la virtud de Dios por fe, para alcanzar la salud que está aparejada para ser manifestada en el postrimero tiempo.

—*1 Pedro 1.3–5* (RVA)

Mis seguidores me conocen, y yo también los conozco a ellos. Son como las ovejas, que reconocen la voz de su pastor, y él las conoce a ellas. Mis seguidores me obedecen, y yo les doy vida eterna; nadie me los quitará. Dios mi Padre me los ha dado; él es más poderoso que todos, y nadie puede quitárselos.

—*Juan 10.27–29* (TLA)

Porque estoy convencido de que ni la muerte, ni la vida, ni ángeles, ni principados, ni lo presente, ni lo por venir, ni los poderes, ni lo alto, ni lo profundo, ni ninguna otra cosa creada nos podrá separar del amor de Dios que es en Cristo Jesús Señor nuestro.

—*Romanos 8.38–39* (BLA)

Estando persuadido de esto, que el que comenzó en vosotros la buena obra, la perfeccionará hasta el día de Jesucristo.

—*Filipenses 1.6* (RVR1960)

Pero el Señor es fiel, y él los mantendrá a ustedes firmes y los protegerá del mal.

—*2 Tesalonicenses 3.3* (DHH)

Todo lo que el Padre Me da, vendrá a Mí; y al que viene a Mí, de ningún modo lo echaré fuera.

—*Juan 6.37* (NBLH)

Levanten la mirada a los cielos. ¿Quién creó todas las estrellas? Él las hace salir como un ejército, una tras otra, y llama a cada una por su nombre. A causa de su gran poder y su incomparable fuerza, no se pierde ni una de ellas.

—*Isaías 40.26* (NTV)

La bondad y el amor me seguirán todos los días de mi vida; y en la casa del Señor habitaré para siempre.

—*Salmo 23.6* (NVI)

No trabajen para ganar la comida que se daña. Mejor trabajen para ganar la comida que se mantiene siempre en buen estado. La comida que da vida eterna es la que da el Hijo del hombre. Él es el único que tiene la aprobación de Dios Padre para darla.

—*Juan 6.27* (PDT)

Y es Dios el que también nos ha marcado con su sello, y el que, como garantía, ha puesto al Espíritu en nuestros corazones.

—*2 Corintios 1.22* (RVC)

En él también vosotros, habiendo oído la palabra de verdad, el evangelio de vuestra salvación, y habiendo creído en él, fuisteis sellados con el Espíritu Santo de la promesa.

—*Efesios 1.13* (RVR1960)

A aquel que es poderoso para guardaros sin caída y presentaros sin mancha delante de su gloria con gran alegría, al único y sabio Dios, nuestro Salvador, sea gloria y majestad, imperio y poder, ahora y por todos los siglos. Amén.

—*Judas 24–25* (RVR1995)

Y no contristéis al Espíritu Santo de Dios, con el cual estáis sellados para el día de la redención.

—*Efesios 4.30* (RVA)

Deseamos que sigan con ese mismo entusiasmo hasta el fin, para que reciban todo lo bueno que con tanta paciencia esperan recibir. No queremos que se vuelvan perezosos. Más bien, sin dudar ni un instante sigan el ejemplo de los que confían en Dios, porque así recibirán lo que Dios les ha prometido. Ahora bien, como Dios no miente, su promesa y su juramento no pueden cambiar. Esto nos consuela, porque nosotros queremos que Dios nos proteja, y confiamos en que él nos dará lo prometido. Esta confianza nos da plena seguridad; es como el ancla de un barco, que lo mantiene firme y quieto en el mismo lugar. Y esta confianza nos la da Jesucristo, que traspasó la cortina del templo de Dios en el cielo, y entró al lugar más sagrado. Lo hizo para dejarnos libre el camino hacia Dios, pues Cristo es para siempre el Jefe de sacerdotes, como lo fue Melquisedec.

—*Hebreos 6.11–12, 18–20* (TLA)

CRISTO ES—suficiente para usted.

Y Dios puede hacer que toda gracia abunde para vosotros, a fin de que teniendo siempre todo lo suficiente en todas las cosas, abundéis para toda buena obra.

—*2 Corintios 9.8* (BLA)

Por tanto, os digo que todo lo que pidiereis orando, creed que lo recibiréis, y os vendrá.

—*Marcos 11.24* (RVR1960)

Por lo tanto, mi Dios les dará a ustedes todo lo que les falte, conforme a las gloriosas riquezas que tiene en Cristo Jesús.

—*Filipenses 4.19* (DHH)

No que seamos suficientes en nosotros mismos para pensar que cosa alguna procede de nosotros, sino que nuestra suficiencia es de Dios.

—*2 Corintios 3.5* (NBLH)

Pues todo lo puedo hacer por medio de Cristo, quien me da las fuerzas.

—*Filipenses 4.13* (NTV)

Y cuán incomparable es la grandeza de su poder a favor de los que creemos. Ese poder es la fuerza grandiosa y eficaz.

—*Efesios 1.19* (NVI)

Pero el Señor me dijo: «Mi bondad es todo lo que necesitas, porque cuando eres débil, mi poder se hace más fuerte en ti». Por eso me alegra presumir de mi debilidad, así el poder de Cristo vivirá en mí.

—*2 Corintios 12.9* (PDT)

Sin embargo, en todo esto somos más que vencedores por medio de aquel que nos amó.

—*Romanos 8.37* (RVC)

Bendito sea el Dios y Padre de nuestro Señor Jesucristo, que nos bendijo con toda bendición espiritual en los lugares celestiales en Cristo.

—*Efesios 1.3* (RVR1960)

Si permanecéis en mí y mis palabras permanecen en vosotros, pedid todo lo que queráis y os será hecho.

—*Juan 15.7* (RVR1995)

Y todo lo que pidiereis al Padre en mi nombre, esto haré, para que el Padre sea glorificado en el Hijo.

—*Juan 14.13* (RVA)

Cuando venga ese día, ustedes ya no me preguntarán nada. Les aseguro que, por ser mis discípulos, mi Padre les dará todo lo que pidan. Hasta ahora ustedes no han pedido nada en mi nombre. Háganlo, y Dios les dará lo que pidan; así serán completamente felices.

—*Juan 16.23–24* (TLA)

Y todo lo que pidáis en oración, creyendo, lo recibiréis.

—*Mateo 21.22* (BLA)

El que no escatimó ni a su propio Hijo, síno que lo entregó por todos nosotros, ¿cómo no nos dará también con él todas las cosas?

—*Romanos 8.32* (RVR1960)

Dios, por su poder, nos ha concedido todo lo que necesitamos para la vida y la devoción, al hacernos conocer a aquel que nos llamó por su propia grandeza y sus obras maravillosas. Por medio de estas cosas nos ha dado sus promesas, que son muy grandes y de mucho valor, para que por ellas lleguen ustedes a tener parte en la naturaleza de Dios y escapen de la corrupción que los malos deseos han traído al mundo.

—*2 Pedro 1.3–4* (DHH)

Bendice, alma mía, al SEÑOR, y no olvides ninguno de Sus beneficios. Él es el que perdona todas tus iniquidades, Él que sana todas tus enfermedades; Él que rescata de la fosa tu vida, Él que te corona de bondad y compasión.

—*Salmo 103.2–4* (NBLH)

CRISTO ES SU—realización.

Dios bendice a los que tienen hambre y sed de justicia, porque serán saciados.

—*Mateo 5.6* (NTV)

Deléitate en el Señor, y él te concederá los deseos de tu corazón.

—*Salmo 37.4* (NVI)

Dios calma la sed del sediento, y le da comida al que tiene hambre.

—*Salmo 107.9* (PDT)

El Señor te sacia con los mejores alimentos para que renueves tus fuerzas, como el águila.

—*Salmo 103.5* (RVC)

Comeréis hasta saciaros, y alabaréis el nombre de Jehová vuestro Dios, el cual hizo maravillas con vosotros; y nunca jamás será mi pueblo avergonzado.

—*Joel 2.26* (RVR1960)

Jesús les respondió: —Yo soy el pan de vida. El que a mí viene nunca tendrá hambre, y el que en mí cree no tendrá sed jamás.

—*Juan 6.35* (RVR1995)

Comerán los pobres, y serán saciados: Alabarán á Jehová los que le buscan: Vivirá vuestro corazón para siempre.

—*Salmo 22.26* (RVA)

Jesús le contestó: —Cualquiera que bebe del agua de este pozo vuelve a tener sed, pero el que beba del agua que yo doy nunca más tendrá sed. Porque esa agua es como un manantial del que brota vida eterna.

—*Juan 4.13, 14* (TLA)

El SEÑOR responderá, y dirá a su pueblo: He aquí, yo os enviaré grano, mosto y aceite, y os saciaréis de ello, y nunca más os entregaré al oprobio entre las naciones.

—*Joel 2.19* (BLA)

Si te das a ti mismo en servicio del hambriento, si ayudas al afligido en su necesidad, tu luz brillará en la oscuridad, tus sombras se convertirán en luz de mediodía. Yo te guiaré continuamente, te daré comida abundante en el desierto, daré fuerza a tu cuerpo y serás como un jardín bien regado, como un manantial al que no le falta el agua.

—*Isaías 58.10–11* (DHH)

A Ti miran los ojos de todos, a su tiempo Tú les das su alimento. Abres Tu mano, y sacias el deseo de todo ser viviente.

—*Salmo 145.15–16* (NBLH)

¿Por qué gastar su dinero en alimentos que no les dan fuerza? ¿Por qué pagar por comida que no les hace ningún bien? Escúchenme, y comerán lo que es bueno; disfrutarán de la mejor comida.

—*Isaías 55.2* (NTV)

Colmaré de abundancia a los sacerdotes, y saciaré con mis bienes a mi pueblo, afirma el Señor.

—*Jeremías 31.14* (NVI)

Me sentiré completamente satisfecho, como quien disfruta de una comida muy sabrosa, y mis labios dichosos te alabarán. Estando en mi lecho me acuerdo de ti, pienso en ti a media noche.

—*Salmo 63.5–6* (PDT)

El que no escatimó ni a su propio Hijo, sino que lo entregó por todos nosotros, ¿cómo no nos dará también con él todas las cosas?

—*Romanos 8.32* (RVC)

CRISTO ES SU—todo.

Mi Dios, pues, suplirá todo lo que os falta conforme a sus riquezas en gloria en Cristo Jesús.

—*Filipenses 4.19* (RVR1960)

Todo lo puedo en Cristo que me fortalece.

—*Filipenses 4.13* (RVR1995)

Antes, en todas estas cosas hacemos más que vencer por medio de aquel que nos amó.

—*Romanos 8.37* (RVA)

Por lo tanto, nadie se llene de orgullo por lo que hacen los simples seres humanos. En realidad, todo es de ustedes: Pablo, Apolo, Pedro, el mundo, la vida, la muerte, el presente y el futuro. Todo es de ustedes, y ustedes son de Cristo, y Cristo es de Dios.

—*1 Corintios 3.21–23* (TLA)

Si permanecéis en mí, y mis palabras permanecen en vosotros, pedid lo que queráis y os será hecho.

—*Juan 15.7* (BLA)

En aquel día no me preguntaréis nada. De cierto, de cierto os digo, que todo cuanto pidiereis al Padre en mi nombre, os lo dará. Hasta ahora nada habéis pedido en mi nombre; pedid, y recibiréis, para que vuestro gozo sea cumplido.

—*Juan 16.23–24* (RVR1960)

Y todo lo que ustedes, al orar, pidan con fe, lo recibirán.

—*Mateo 21.22* (DHH)

Por eso les digo que todas las cosas por las que oren y pidan, crean que ya las han recibido, y les serán concedidas.

—*Marcos 11.24* (NBLH)

Toda la alabanza sea para Dios, el Padre de nuestro Señor Jesucristo, quien nos ha bendecido con toda clase de bendiciones espirituales en los lugares celestiales, porque estamos unidos a Cristo.

—*Efesios 1.3* (NTV)

Y recibimos todo lo que le pedimos porque obedecemos sus mandamientos y hacemos lo que le agrada.

—*1 Juan 3.22* (NVI)

Aunque Cristo no tenía ningún pecado, Dios lo hizo cargar con los nuestros para que por medio de él fuéramos la evidencia de que Dios está dispuesto a dar su aprobación a los seres humanos.

—*2 Corintios 5.21* (PDT)

Porque para mí el vivir es Cristo, y el morir es ganancia.

—*Filipenses 1.21* (RVC)

De modo que si alguno está en Cristo, nueva criatura es; las cosas viejas pasaron; he aquí todas son hechas nuevas.

—*2 Corintios 5.17* (RVR1960)

Y á Aquel que es poderoso para hacer todas las cosas mucho más abundantemente de lo que pedimos ó entendemos, por la potencia que obra en nosotros, A él sea gloria en la iglesia por Cristo Jesús, por todas edades del siglo de los siglos. Amén.

—*Efesios 3.20–21* (RVA)

Dios puede darles muchas cosas, a fin de que tengan todo lo necesario, y aun les sobre. Así podrán hacer algo en favor de otros.

—*2 Corintios 9.8* (TLA)

Bendito sea el Señor, que cada día lleva nuestra carga, el Dios que es nuestra salvación.

—*Salmo 68.19* (BLA)

LA BIBLIA ES SU—autoridad infalible.

Toda la Escritura es inspirada por Dios, y útil para enseñar, para redargüir, para corregir, para instruir en justicia.

—*2 Timoteo 3.16* (RVR1960)

Pero ante todo tengan esto presente: que ninguna profecía de la Escritura es algo que uno pueda interpretar según el propio parecer, porque los profetas nunca hablaron por iniciativa humana; al contrario, eran hombres que hablaban de parte de Dios, dirigidos por el Espíritu Santo.

—*2 Pedro 1.20–21* (DHH)

Porque la palabra de Dios es viva y eficaz, y más cortante que cualquier espada de dos filos. Penetra hasta la división del alma y del espíritu, de las coyunturas y los tuétanos, y es poderosa para discernir los pensamientos y las intenciones del corazón.

—*Hebreos 4.12* (NBLH)

La lluvia y la nieve descienden de los cielos y quedan en el suelo para regar la tierra. Hacen crecer el grano, y producen semillas para el agricultor y pan para el hambriento. Lo mismo sucede con mi palabra. La envío y siempre produce fruto; logrará todo lo que yo quiero, y prosperará en todos los lugares donde yo la envíe.

—*Isaías 55.10–11* (NTV)

Ustedes estudian con diligencia las Escrituras porque piensan que en ellas hallan la vida eterna. ¡Y son ellas las que dan testimonio en mi favor!

—*Juan 5.39* (NVI)

Pues ustedes nacieron de nuevo, no por medio de padres mortales, sino por medio del mensaje vivo y eterno de Dios.

—*1 Pedro 1.23* (PDT)

El Señor habló, y todo fue creado; el Señor ordenó, y todo apareció.

—*Salmo 33.9* (RVC)

Toda palabra de Dios es limpia.

—*Proverbios 30.5* (RVR1960)

Para siempre, Jehová, permanece tu palabra en los cielos.

—*Salmo 119.89* (RVR1995)

Por la palabra de Jehová fueron hechos los cielos, Y todo el ejército de ellos por el espíritu de su boca.

—*Salmo 33.6* (RVA)

Y todas las promesas que Dios ha hecho se cumplen por medio de Jesucristo. Por eso, cuando alabamos a Dios por medio de Jesucristo, decimos «Amén».

—*2 Corintios 1.20* (TLA)

Porque: Toda carne es como la hierba, y toda su gloria como la flor de la hierba. Sécase la hierba, cáese la flor, mas la palabra del Señor permanece para siempre. Y esta es la palabra que os fue predicada.

—*1 Pedro 1.24–25* (BLA)

El cielo y la tierra pasarán, pero mis palabras no pasarán.

—*Marcos 13.31* (RVR1960)

LA BIBLIA ES—la guía de su vida.

Tu palabra es una lámpara a mis pies y una luz en mi camino.

—*Salmo 119.105* (DHH)

Cuando andes, te guiarán; cuando duermas, velarán por ti; al despertarte, hablarán contigo. Porque el mandamiento es lámpara, y la enseñanza luz, y camino de vida las reprensiones de la instrucción.

—*Proverbios 6.22–23* (NBLH)

He guardado tu palabra en mi corazón, para no pecar contra ti.

—*Salmo 119.11* (NTV)

Por ellas queda advertido tu siervo; quien las obedece recibe una gran recompensa.

—*Salmo 19.11* (NVI)

¿Cómo puede el joven llevar una vida pura? Siguiendo tus enseñanzas.

—*Salmo 119.9* (PDT)

Entonces Jesús dijo a los judíos que habían creído en él: Si ustedes permanecen en mi palabra, serán verdaderamente mis discípulos; y conocerán la verdad, y la verdad los hará libres.

—*Juan 8.31–32* (RVC)

Pues tus testimonios son mis delicias Y mis consejeros.

—*Salmo 119.24* (RVR1960)

Por medio de estas cosas nos ha dado preciosas y grandísimas promesas, para que por ellas lleguéis a ser participantes de la naturaleza divina, habiendo huido de la corrupción que hay en el mundo a causa de las pasiones.

—*2 Pedro 1.4* (RVR1995)

Por Jehová son ordenados los pasos del hombre, y aprueba su camino.

—*Salmo 37.23* (RVA)

Tú me dijiste: Yo te voy a instruir; te voy a enseñar cómo debes portarte. Voy a darte buenos consejos y a cuidar siempre de ti.

—*Salmo 32.8* (TLA)

El restaura mi alma; me guía por senderos de justicia por amor de su nombre.

—*Salmo 23.3* (BLA)

Y si te desvías a la derecha o a la izquierda, oirás una voz detrás de ti, que te dirá: Por aquí es el camino, vayan por aquí.

—*Isaías 30.21* (DHH)

Tal como lo anunció por boca de Sus santos profetas desde los tiempos antiguos... Para dar luz a los que habitan en tinieblas y en sobra de muerte, para guiar nuestros pies en el camino de paz.

—*Lucas 1.70, 79* (NBLH)

Estudia constantemente este libro de instrucción. Medita en él de día y de noche para asegurarte de obedecer todo lo que allí está escrito. Sólo entonces prosperarás y te irá bien en todo lo que hagas.

—*Josué 1.8* (NTV)

Toda la Escritura es inspirada por Dios y útil para enseñar, para reprender, para corregir y para instruir en la justicia, a fin de que el siervo de Dios esté enteramente capacitado para toda buena obra.

—*2 Timoteo 3.16–17* (NVI)

LA BIBLIA ES SU—fortaleza.

Me dijo: Daniel no tengas miedo. Dios te ama. Recupera tu fuerza y ten valor. Mientras él me hablaba, yo empecé a sentirme mejor y dije: Señor, háblame. Ya tengo fuerzas.

—*Daniel 10.19* (PDT)

La ansiedad me corroe el alma; ¡susténtame con tu palabra!

—*Salmo 119.28* (RVC)

Porque así dijo Jehová el Señor, el Santo de Israel: En descanso y en reposo seréis salvos; en quietud y en confianza será vuestra fortaleza. Y no quisisteis.

—*Isaías 30.15* (RVR1960)

Para que os dé, conforme a las riquezas de su gloria, el ser fortalecidos con poder en el hombre interior por su Espíritu; que habite Cristo por la fe en vuestros corazones, a fin de que, arraigados y cimentados en amor.

—*Efesios 3.16–17* (RVR1995)

Para que andéis como es digno del Señor, agradándole en todo, fructificando en toda buena obra, y creciendo en el conocimiento de Dios: Corroborados de toda fortaleza, conforme á la potencia de su gloria, para toda tolerancia y largura de ánimo con gozo; dando gracias al Padre que nos hizo aptos para participar de la suerte de los santos en luz.

—*Colosenses 1.10–12* (RVA)

Pero los que confían en Dios siempre tendrán nuevas fuerzas. Podrán volar como las águilas, podrán caminar sin cansarse y correr sin fatigarse.

—*Isaías 40.31* (TLA)

También les dijo: Id, comed de la grosura, bebed de lo dulce, y mandad raciones a los que no tienen nada preparado; porque este día es santo para nuestro Señor. No os entristezcáis, porque la alegría del SEÑOR es vuestra fortaleza.

—*Nehemías 8.10* (BLA)

Todo lo puedo en Cristo que me fortalece.

—*Filipenses 4.13* (RVR1960)

No tengas miedo, pues yo estoy contigo; no temas, pues yo soy tu Dios. Yo te doy fuerzas, yo te ayudo, yo te sostengo con mi mano victoriosa.

—*Isaías 41.10* (DHH)

Mío es el consejo y la prudencia, Yo soy la inteligencia, el poder es mío.

—*Proverbios 8.14* (NBLH)

Él da poder a los indefensos y fortaleza a los débiles.

—*Isaías 40.29* (NTV)

El Señor es mi roca, mi amparo, mi libertador; es mi Dios, el peñasco en que me refugio. Es mi escudo, el poder que me salva, ¡mi más alto escondite!

—*Salmo 18.2* (NVI)

Por esa razón, vístanse con toda la armadura de Dios. Así soportarán con firmeza cuando llegue el día del ataque de Satanás y después de haber luchado mucho todavía podrán resistir.

—*Efesios 6.13* (PDT)

El Señor es mi luz y mi salvación; ¿a quién podría yo temer? El Señor es la fortaleza de mi vida; ¿quién podría infundirme miedo?

—*Salmo 27.1* (RVC)

Por lo demás, hermanos míos, fortaleceos en el Señor, y en el poder de su fuerza.

—*Efesios 6.10* (RVR1960)

QUÉ HACER CUANDO SE SIENTE—desanimado.

Ciertamente volverán los redimidos de Jehová; volverán a Sión cantando y gozo perpetuo habrá sobre sus cabezas. Tendrán gozo y alegría, y huirán el dolor y el gemido.

—*Isaías 51.11* (RVR1995)

En lo cual vosotros os alegráis, estando al presente un poco de tiempo afligidos en diversas tentaciones, si es necesario, Para que la prueba de vuestra fe, mucho más preciosa que el oro, el cual perece, bien que sea probado con fuego, sea hallada en alabanza, gloria y honra, cuando Jesucristo fuera manifestado: Al cual, no habiendo visto, le amáis; en el cual creyendo, aunque al presente no lo veáis, os alegráis con gozo inefable y glorificado; Obteniendo el fin de vuestra fe, que es la salud de vuestras almas.

—*1 Pedro 1.6–9* (RVA)

No se preocupen por nada. Más bien, oren y pídanle a Dios todo lo que necesiten, y sean agradecidos. Así Dios les dará su paz, esa paz que la gente de este mundo no alcanza a comprender, pero que protege el corazón y el entendimiento de los que ya son de Cristo. Finalmente, hermanos, piensen en todo lo que es verdadero, en todo lo que merece respeto, en todo lo que es justo y bueno; piensen en todo lo que se reconoce como una virtud, y en todo lo que es agradable y merece ser alabado.

—*Filipenses 4.6–8* (TLA)

Aunque yo ande en medio de la angustia, tú me vivificarás; extenderás tu mano contra la ira de mis enemigos, y tu diestra me salvará.

—*Salmo 138.7* (BLA)

No se turbe vuestro corazón; creéis en Dios, creed también en mí.

—*Juan 14.1* (RVR1960)

Les dejo la paz. Les doy mi paz, pero no se la doy como la dan los que son del mundo. No se angustien ni tengan miedo.

—*Juan 14.27* (DHH)

El Señor es mi luz y mi salvación; ¿A quién temeré? El Señor es la fortaleza de mi vida; ¿De quién tendré temor? Cuando los malhechores vinieron sobre mí para devorar mis carnes, ellos, mis adversarios y mis enemigos, tropezaron y cayeron. Si un ejército acampa contra mí, no temerá mi corazón; si contra mí se levanta guerra, a pesar de ello, yo estaré confiado. Una cosa he pedido al Señor, y ésa buscaré: Que habite yo en la casa del Señor todos los días de mi vida, para contemplar la hermosura del Señor y para meditar en Su templo. Porque en el día de la angustia me esconderá en Su tabernáculo; en lo secreto de Su tienda me ocultará; sobre una roca me pondrá en alto. Entonces será levantada mi cabeza sobre mis enemigos que me cercan, y en Su tienda ofreceré sacrificios con voces de júbilo; cantaré, sí, cantaré alabanzas al Señor. Escucha, oh Señor, mi voz cuando clamo; ten piedad de mí, y respóndeme. Cuando dijiste: «Busquen Mi rostro,» mi corazón Te respondió: «Tu rostro, Señor, buscaré.» No escondas Tu rostro de mí; no rechaces con ira a Tu siervo; Tú has sido mi ayuda. No me abandones ni me desampares, oh Dios de mi salvación. Porque aunque mi padre y mi madre me hayan abandonado, el Señor me recogerá. Señor, enséñame Tu camino, y guíame por senda llana por causa de mis enemigos. No me entregues a la voluntad de mis adversarios; porque testigos falsos se han levantado contra mí, y los que respiran violencia. Hubiera yo desmayado, si no hubiera creído que había de ver la bondad del Señor en la tierra de los vivientes. Espera al Señor; Esfuérzate y aliéntese tu corazón. Sí, espera al Señor.

—*Salmo 27.1–14* (NBLH)

Por todos lados nos presionan las dificultades, pero no nos aplastan. Estamos perplejos pero no caemos en la desesperación. Somos perseguidos pero nunca abandonados por Dios. Somos derribados, pero no destruidos.

—*2 Corintios 4.8–9* (NTV)

Así que no pierdan la confianza, porque ésta será grandemente recompensada. Ustedes necesitan perseverar para que, después de haber cumplido la voluntad de Dios, reciban lo que él ha prometido.

—*Hebreos 10.35–36* (NVI)

Estoy convencido de que Dios empezó una buena obra entre ustedes y la continuará hasta completarla el día en que Jesucristo regrese.

—*Filipenses 1.6* (PDT)

No nos cansemos, pues, de hacer el bien; porque a su tiempo cosecharemos, si no nos desanimamos.

—*Gálatas 6.9* (RVC)

Esforzaos todos vosotros los que esperáis en Jehová, y tome aliento vuestro corazón.

—*Salmo 31.24* (RVR1960)

QUÉ HACER CUANDO SE SIENTE—intranquilo.

Echad toda vuestra ansiedad sobre él, porque él tiene cuidado de vosotros.

—*1 Pedro 5.7* (RVR1995)

Por nada estéis afanosos; sino sean notorias vuestras peticiones delante de Dios en toda oración y ruego, con hacimiento de gracias. Y la paz de Dios, que sobrepuja todo entendimiento, guardará vuestros corazones y vuestros entendimientos en Cristo Jesús.

—*Filipenses 4.6–7* (RVA)

Poco después, Jesús les dijo a sus discípulos: —No se preocupen. Confíen en Dios y confíen también en mí.

—*Juan 14.1* (TLA)

En paz me acostaré y así también dormiré; porque sólo tú, Señor, me haces habitar seguro.

—*Salmo 4.8* (BLA)

Mi Dios, pues, suplirá todo lo que os falta conforme a sus riquezas en gloria en Cristo Jesús.

—*Filipenses 4.19* (RVR1960)

Por lo tanto, yo les digo: No se preocupen por lo que han de comer o beber para vivir, ni por la ropa que necesitan para el cuerpo. ¿No vale la vida más que la comida y el cuerpo más que la ropa? Miren las aves que vuelan por el aire: no siembran ni cosechan ni guardan la cosecha en graneros; sin embargo, el Padre de ustedes que está en el cielo les da de comer. ¡Y ustedes valen más que las aves! En todo caso, por mucho que uno se preocupe, ¿cómo podrá prolongar su vida ni siquiera una hora? ¿Y por qué se preocupan ustedes por la ropa? Fíjense cómo crecen los lirios del campo: no trabajan ni hilan. Sin embargo, les digo que ni siquiera el rey Salomón, con todo su lujo, se vestía como uno de ellos. Pues si Dios viste así a la hierba, que hoy está en el campo y mañana se quema en el horno, ¡con mayor razón los vestirá a ustedes, gente falta de fe! Así que no se preocupen, preguntándose: «¿Qué vamos a comer?» o «¿Qué vamos a beber?» o «¿Con qué vamos a vestirnos?» Todas estas cosas son las que preocupan a los paganos, pero ustedes tienen un Padre celestial que ya sabe que las necesitan. Por lo tanto, pongan toda su atención en el reino de los cielos y en hacer lo que es justo ante Dios, y recibirán también todas estas cosas. No se preocupen por el día de mañana, porque mañana habrá tiempo para preocuparse. Cada día tiene bastante con sus propios problemas.

—*Mateo 6.25–34* (DHH)

Que la paz de Cristo reine en sus corazones, a la cual en verdad fueron llamados en un solo cuerpo; y sean agradecidos.

—*Colosenses 3.15* (NBLH)

¡Tú guardarás en perfecta paz a todos los que confían en ti; a todos los que concentran en ti sus pensamientos!

—*Isaías 26.3* (NTV)

La mentalidad pecaminosa es muerte, mientras que la mentalidad que proviene del Espíritu es vida y paz.

—*Romanos 8.6* (NVI)

Cuando te acuestes no tendrás miedo, pues te acostarás y dormirás tranquilo.

—*Proverbios 3.24* (PDT)

Pero los que creímos hemos entrado en el reposo, conforme a lo que él dijo: Por eso, en mi furor juré: «No entrarán en mi reposo», aun cuando sus obras estaban acabadas desde la creación del mundo... De modo que aún queda un reposo para el pueblo de Dios.

—*Hebreos 4.3, 9* (RVC)

Mucha paz tienen los que aman tu ley, y no hay para ellos tropiezo.

—*Salmo 119.165* (RVR1960)

El que habita al abrigo del Altísimo morará bajo la sombra del Omnipotente. Diré yo a Jehová: Esperanza mía y castillo mío; mi Dios, en quien confiaré.

—*Salmo 91.1–2* (RVR1995)

La paz os dejo, mi paz os doy: no como el mundo la da, yo os la doy. No se turbe vuestro corazón, ni tenga miedo.

—*Juan 14.27* (RVA)

QUÉ HACER CUANDO SE SIENTE—solo.

No vivan preocupados por tener más dinero. Estén contentos con lo que tienen, porque Dios ha dicho en la Biblia: Nunca te dejaré desamparado.

—*Hebreos 13.5* (TLA)

Enseñándoles a guardar todo lo que os he mandado; y he aquí, yo estoy con vosotros todos los días, hasta el fin del mundo.

—*Mateo 28.20* (BLA)

Pues el Señor, haciendo honor a su nombre, no los abandonará; porque él quiere que ustedes sean su pueblo.

—*1 Samuel 12.22* (DHH)

No temas, porque Yo estoy contigo; no te desalientes, porque Yo soy tu Dios. Te fortaleceré, ciertamente te ayudaré, sí, te sostendré con la diestra de Mi justicia.

—*Isaías 41.10* (NBLH)

No os dejaré huérfanos; vendré a vosotros.

—*Juan 14.18* (RVR1960)

No dejen que el corazón se les llene de angustia; confíen en Dios y confíen también en mí.

—*Juan 14.1* (NTV)

El Dios sempiterno es tu refugio; por siempre te sostiene entre sus brazos. Expulsará de tu presencia al enemigo y te ordenará que lo destruyas.

—*Deuteronomio 33.27* (NVI)

Sana a los que tienen roto el corazón y venda sus heridas.

—*Salmo 147.3* (PDT)

¿Qué podrá separarnos del amor de Cristo? ¿Tribulación, angustia, persecución, hambre, desnudez, peligro, espada? Como está escrito: Por causa de ti siempre nos llevan a la muerte, Somos contados como ovejas de matadero. Sin embargo, en todo esto somos más que vencedores por medio de aquel que nos amó. Por lo cual estoy seguro de que ni la muerte, ni la vida, ni los ángeles, ni los principados, ni las potestades, ni lo presente, ni lo por venir, ni lo alto, ni lo profundo, ni ninguna otra cosa creada nos podrá separar del amor que Dios nos ha mostrado en Cristo Jesús nuestro Señor.

—*Romanos 8.35–39* (RVC)

Porque Dios misericordioso es Jehová tu Dios; no te dejará, ni te destruirá, ni se olvidará del pacto que les juró a tus padres.

—*Deuteronomio 4.31* (RVR1960)

¡Esforzaos y cobrad ánimo! No temáis ni tengáis miedo de ellos, porque Jehová, tu Dios, es el que va contigo; no te dejará, ni te desamparará.

—*Deuteronomio 31.6* (RVR1995)

Aunque mi padre y mi madre me dejaran, Jehová con todo me recogerá.

—*Salmo 27.10* (RVA)

Las montañas podrán cambiar de lugar, los cerros podrán venirse abajo, pero mi amor por ti no cambiará. Siempre estaré a tu lado y juntos viviremos en paz. Te juro que tendré compasión de ti.

—*Isaías 54.10* (TLA)

Echando toda vuestra ansiedad sobre Él, porque Él tiene cuidado de vosotros.

—*1 Pedro 5.7* (BLA)

Dios es nuestro refugio y nuestra fuerza; nuestra ayuda en momentos de angustia.

—*Salmo 46.1* (DHH)

QUÉ HACER CUANDO SE SIENTE—tentado.

Por tanto, el que cree que está firme, tenga cuidado, no sea que caiga. No les ha sobrevenido ninguna tentación que no sea común a los hombres. Fiel es Dios, que no permitirá que ustedes sean tentados más allá de lo que pueden soportar, sino que con la tentación proveerá también la vía de escape, a fin de que puedan resistirla.

—*1 Corintios 10.12–13* (NBLH)

Por lo tanto, ya que tenemos un gran Sumo Sacerdote que entró en el cielo, Jesús el Hijo de Dios, aferrémonos a lo que creemos. Nuestro Sumo Sacerdote comprende nuestras debilidades, porque enfrentó todas y cada una de las pruebas que enfrentamos nosotros, sin embargo él nunca pecó. Así que acerquémonos con toda confianza al trono de la gracia de nuestro Dios. Allí recibiremos su misericordia y encontraremos la gracia que nos ayudará cuando más la necesitemos.

—*Hebreos 4.14–16* (NTV)

Por haber sufrido él mismo la tentación, puede socorrer a los que son tentados.

—*Hebreos 2.18* (NVI)

Esto es una prueba de que Dios sabe rescatar de las dificultades a los que dedican su vida a él, pero también sabe cómo castigar a los perversos mientras esperan el día del juicio.

—*2 Pedro 2.9* (PDT)

El pecado ya no tendrá poder sobre ustedes, pues ya no están bajo la ley sino bajo la gracia.

—*Romanos 6.14* (RVC)

En mi corazón he guardado tus dichos, para no pecar contra ti.

—*Salmo 119.11* (RVR1960)

Cuando alguno es tentado no diga que es tentado de parte de Dios, porque Dios no puede ser tentado por el mal ni él tienta a nadie; sino que cada uno es tentado, cuando de su propia pasión es atraído y seducido.

—*Santiago 1.13–14* (RVR1995)

El que encubre sus pecados, no prosperará: Mas el que los confiesa y se aparta, alcanzará misericordia.

—*Proverbios 28.13* (RVA)

Pero si reconocemos ante Dios que hemos pecado, podemos estar seguros de que él, que es justo, nos perdonará y nos limpiará de toda maldad.

—*1 Juan 1.9* (TLA)

Sed de espíritu sobrio, estad alerta. Vuestro adversario, el diablo, anda al acecho como león rugiente, buscando a quien devorar. Pero resistidle firmes en la fe, sabiendo que las mismas experiencias de sufrimiento se van cumpliendo en vuestros hermanos en todo el mundo.

—*1 Pedro 5.8–9* (BLA)

Por lo demás, hermanos míos, fortaleceos en el Señor, y en el poder de su fuerza. Vestíos de toda la armadura de Dios, para que podáis estar firmes contra las asechanzas del diablo . . . Sobre todo, tomad el escudo de la fe, con que podáis apagar todos los dardos de fuego del maligno.

—*Efesios 6.10–11, 16* (RVR1960)

Sométanse, pues, a Dios. Resistan al diablo, y éste huirá de ustedes.

—*Santiago 4.7* (DHH)

Hijos míos, ustedes son de Dios y han vencido a los falsos profetas, porque mayor es Aquél que está en ustedes que el que está en el mundo.

—*1 Juan 4.4* (NBLH)

Amados hermanos, cuando tengan que enfrentar problemas, considérenlo como un tiempo para alegrarse mucho porque ustedes saben que, siempre que se pone a prueba la fe, la constancia tiene una oportunidad para desarrollarse. Dios bendice a los que soportan con paciencia las pruebas y las tentaciones, porque después de superarlas, recibirán la corona de vida que Dios ha prometido a quienes lo aman.

—*Santiago 1.2–3, 12* (NTV)

¡Al único Dios, nuestro Salvador, que puede guardarlos para que no caigan, y establecerlos sin tacha y con gran alegría ante su gloriosa presencia, sea la gloria, la majestad, el dominio y la autoridad, por medio de

Jesucristo nuestro Señor, antes de todos los siglos, ahora y para siempre! Amén.

—*Judas 24–25* (NVI)

Eso es motivo de alegría para ustedes, aunque durante un tiempo tengan que soportar muchas dificultades que los entristezcan. Tales dificultades serán una gran prueba de su fe, y se pueden comparar con el fuego que prueba la pureza del oro. Pero su fe es más valiosa que el oro, porque el oro no dura para siempre. En cambio, la fe que sale aprobada de la prueba dará alabanza, gloria y honor a Jesucristo cuando él regrese.

—*1 Pedro 1.6–7* (PDT)

QUÉ HACER CUANDO SE SIENTE—rebelde.

Obedezcan a sus pastores, y respétenlos. Ellos cuidan de ustedes porque saben que tienen que rendir cuentas a Dios. Así ellos cuidarán de ustedes con alegría, y sin quejarse; de lo contrario, no será provechoso para ustedes.

—*Hebreos 13.17* (RVC)

El sabio teme y se aparta del mal; mas el insensato se muestra insolente y confiado. El que fácilmente se enoja hará locuras; y el hombre perverso será aborrecido.

—*Proverbios 14.16–17* (RVR1960)

Entonces Samuel dijo: —¿Acaso se complace Jehová tanto en los holocaustos y sacrificios como en la obediencia a las palabras de Jehová? Mejor es obedecer que sacrificar; prestar atención mejor es que la grasa de los carneros. Como pecado de adivinación es la rebelión, como ídolos e idolatría la obstinación. Por cuanto rechazaste la palabra de Jehová, también él te ha rechazado para que no seas rey.

—*1 Samuel 15.22–23* (RVR1995)

Por lo cual, teniendo los lomos de vuestro entendimiento ceñidos, con templanza, esperad perfectamente en la gracia que os es presentada cuando Jesucristo os es manifestado: Como hijos obedientes, no conformándoos con los deseos que antes teníais estando en vuestra ignorancia.

—*1 Pedro 1.13–14* (RVA)

Si ustedes me obedecen . . . Entonces comerán de lo mejor de la tierra; pero si siguen siendo rebeldes, morirán en el campo de batalla. Les juro que así será.

—*Isaías 1.19–20* (TLA)

Someteos, por causa del Señor, a toda institución humana, ya sea al rey, como autoridad, o a los gobernadores, como enviados por él para castigo de los malhechores y alabanza de los que hacen el bien. Porque esta es la voluntad de Dios: que haciendo bien, hagáis enmudecer la ignorancia de los hombres insensatos.

—*1 Pedro 2.13–15* (BLA)

Haya, pues, en vosotros este sentir que hubo también en Cristo Jesús, el cual, siendo en forma de Dios, no estimó el ser igual a Dios como cosa a que aferrarse, sino que se despojó a sí mismo, tomando forma de siervo, hecho semejante a los hombres; y estando en la condición de hombre, se humilló a sí mismo, haciéndose obediente hasta la muerte, y muerte de cruz.

—*Filipenses 2.5–8* (RVR1960)

Así que Cristo, a pesar de ser Hijo, sufriendo aprendió lo que es la obediencia.

—*Hebreos 5.8* (DHH)

Asimismo ustedes, los más jóvenes, estén sujetos a los mayores (los ancianos). Y todos, revístanse de humildad en su trato mutuo, porque Dios resiste a los soberbios, pero da gracia a los humildes. Humíllense, pues, bajo la poderosa mano de Dios, para que Él los exalte a su debido tiempo.

—*1 Pedro 5.5–6* (NBLH)

Es más, sométanse unos a otros por reverencia a Cristo.

—*Efesios 5.21* (NTV)

Al justo no le sobrevendrá ningún daño, pero al malvado lo cubrirá la desgracia.

—*Proverbios 12.21* (NVI)

Así que no dejen que el pecado controle su cuerpo mortal ni obedezcan a sus deseos perversos. No utilicen ninguna parte de su cuerpo como arma de injusticia del pecado. Mejor pónganse al servicio de Dios, como personas que han muerto y han resucitado; ofrezcan todo su cuerpo como arma de justicia a Dios.

—*Romanos 6.12–13* (PDT)

Pero esto quiero decirles en el nombre del Señor, y en esto quiero insistir: no vivan ya como la gente sin Dios, que vive de acuerdo a su mente vacía. Esa gente tiene el entendimiento entenebrecido; por causa de la ignorancia que hay en ellos, y por la dureza de su corazón, viven ajenos de la vida que proviene de Dios.

—*Efesios 4.17–18* (RVC)

Porque en otro tiempo erais tinieblas, mas ahora sois luz en el Señor; andad como hijos de luz.

—*Efesios 5.8* (RVR1960)

Someteos, pues, a Dios; resistid al diablo, y huirá de vosotros.

—*Santiago 4.7* (RVR1995)

QUÉ HACER CUANDO SIENTE— que necesita paz.

Tú le guardarás en completa paz, cuyo pensamiento en ti persevera; porque en ti se ha confiado.

—*Isaías 26.3* (RVA)

Les doy la paz, mi propia paz, que no es como la paz que se desea en este mundo. No se preocupen ni tengan miedo por lo que pronto va a pasar.

—*Juan 14.27* (TLA)

Por nada estéis afanosos; antes bien, en todo, mediante oración y súplica con acción de gracias, sean dadas a conocer vuestras peticiones delante de Dios. Y la paz de Dios, que sobrepasa todo entendimiento, guardará vuestros corazones y vuestras mentes en Cristo Jesús.

—*Filipenses 4.6–7* (BLA)

Justificados, pues, por la fe, tenemos paz para con Dios por medio de nuestro Señor Jesucristo.

—*Romanos 5.1* (RVR1960)

Señor, tú nos concedes bienestar; eres tú, en verdad, quien realizas todas nuestras obras.

—*Isaías 26.12* (DHH)

Porque con alegría saldrán, y con paz serán conducidos. Los montes y las colinas prorrumpirán en gritos de júbilo delante de ustedes, y todos los árboles del campo aplaudirán.

—*Isaías 55.12* (NBLH)

Miren a los que son buenos y honestos, porque a los que aman la paz les espera un futuro maravilloso.

—*Salmo 37.37* (NTV)

La mentalidad pecaminosa es muerte, mientras que la mentalidad que proviene del Espíritu es vida y paz.

—*Romanos 8.6* (NVI)

La gente que ama tus enseñanzas encontrará la paz verdadera; nada los hará tropezar.

—*Salmo 119.165* (PDT)

Todos los que obedecen a Dios pasan a mejor vida y reposan en su lecho de muerte.

—*Isaías 57.2* (RVC)

Porque el reino de Dios no es comida ni bebida, sino justicia, paz y gozo en el Espíritu Santo. Porque el que en esto sirve a Cristo, agrada a Dios, y es aprobado por los hombres. Así que, sigamos lo que contribuye a la paz y a la mutua edificación.

—*Romanos 14.17–19* (RVR1960)

Por lo demás, hermanos, tened gozo, perfeccionaos, consolaos, sed de un mismo sentir y vivid en paz; y el Dios de paz y de amor estará con vosotros.

—*2 Corintios 13.11* (RVR1995)

Pero los mansos heredarán la tierra, y se recrearán con abundancia de paz.

—*Salmo 37.11* (RVA)

Que Dios, quien nos da seguridad, los llene de alegría. Que les dé la paz que trae el confiar en él. Y que, por el poder del Espíritu Santo, los llene de esperanza.

—*Romanos 15.13* (TLA)

QUÉ HACER CUANDO SE SIENTE— espiritualmente tibio.

Ponte en vela y afirma las cosas que quedan, que estaban a punto de morir, porque no he hallado completas tus obras delante de mi Dios . . . Yo conozco tus obras, que ni eres frío ni caliente. ¡Ojalá fueras frío o caliente! Así, puesto que eres tibio, y no frío ni caliente, te vomitaré de mi boca.

—*Apocalipsis 3.2, 15–16* (BLA)

Pero tengo una cosa contra ti: que ya no tienes el mismo amor que al principio.

—*Apocalipsis 2.4* (DHH)

Oh Israel y Judá, ¿qué debo hacer con ustedes? —pregunta el SEÑOR—. Pues su amor se desvanece como la niebla de la mañana y desaparece como el rocío a la luz del sol.

—*Oseas 6.4* (NTV)

¡Pero tengan cuidado! Presten atención y no olviden las cosas que han visto sus ojos, ni las aparten de su corazón mientras vivan. Cuéntenselas a sus hijos y a sus nietos.

—*Deuteronomio 4.9* (NVI)

¡Cuidado! No vayas a olvidarte del Señor tu Dios, ni de cumplir sus mandamientos, sus decretos y sus estatutos, que hoy te ordeno cumplir. No vaya a ser que luego de que comas y te sacies, y edifiques buenas casas y las habites, y tus vacas y tus ovejas aumenten en número, y la plata y el oro se te multipliquen, y todo lo que tengas aumente, tu corazón se enorgullezca y te olvides del Señor tu Dios, que te sacó de la tierra de Egipto, donde eras esclavo.

—*Deuteronomio 8.11–14* (RVC)

Si nos hubiésemos olvidado del nombre de nuestro Dios, o alzado nuestras manos a dios ajeno, ¿no demandaría Dios esto? Porque él conoce los secretos del corazón.

—*Salmo 44.20–21* (RVR1960)

Mirad, hermanos, que en ninguno de vosotros haya corazón malo de incredulidad para apartarse del Dios vivo: Antes exhortaos los unos á los otros cada día, entre tanto que se dice Hoy; porque ninguno de vosotros se endurezca con engaño de pecado.

—*Hebreos 3.12–13* (RVA)

Hay mucho más que decir acerca de este asunto, pero no es fácil explicarles a ustedes todo, porque les cuesta mucho entender. Con el tiempo que llevan de haber creído en la buena noticia, ya deberían ser maestros. Sin embargo, todavía necesitan que se les expliquen las enseñanzas más sencillas acerca de Dios. Parecen niños pequeños, que no pueden comer alimentos sólidos, sino que sólo toman leche.

—*Hebreos 5.11–12* (TLA)

Mirad bien, no sea que alguno deje de alcanzar la gracia de Dios; que brotando alguna raíz de amargura, os estorbe, y por ella muchos sean contaminados.

—*Hebreos 12.15* (RVR1960)

Porque si después de haber escapado de las contaminaciones del mundo por el conocimiento de nuestro Señor y Salvador Jesucristo, de nuevo son enredados en ellas y vencidos, su condición postrera viene a ser peor que la primera. Pues hubiera sido mejor para ellos no haber conocido el camino de la justicia, que habiéndolo conocido, apartarse del santo mandamiento que les fue dado.

—*2 Pedro 2.20–21* (NBLH)

Así dice el Señor: Deténganse en los caminos y miren; pregunten por los senderos antiguos. Pregunten por el buen camino, y no se aparten de él. Así hallarán el descanso anhelado. Pero ellos dijeron: «No lo seguiremos.»

—*Jeremías 6.16* (NVI)

Si confesamos nuestros pecados, él es fiel y justo para perdonar nuestros pecados y limpiarnos de toda maldad.

—*1 Juan 1.9* (RVC)

Desde los días de vuestros padres os apartáis de mis leyes y no las guardáis. ¡Volveos a mí y yo me volveré a vosotros!, ha dicho Jehová de los ejércitos. Pero vosotros decís: «¿En qué hemos de volvernos?»

—*Malaquías 3.7* (RVR1995)

QUÉ HACER CUANDO SE SIENTE—adolorido.

Hermanos míos, queremos que sepan lo que en verdad pasa con los que mueren, para que no se pongan tristes, como los que no tienen esperanza. Nosotros creemos que Jesucristo murió y resucitó, y que del mismo modo Dios resucitará a los que vivieron y murieron confiando en él.

—*1 Tesalonicenses 4.13–14* (TLA)

Gritad de júbilo, cielos, y regocíjate, tierra. Prorrumpid, montes, en gritos de alegría, porque el SEÑOR ha consolado a su pueblo, y de sus afligidos tendrá compasión.

—*Isaías 49.13* (BLA)

Cuando pases por las aguas, yo estaré contigo, y si por los ríos, no te cubrirán. Cuando pases por el fuego, no te quemarás, ni la llama te abrasará.

—*Isaías 43.2* (NBLH)

Que nuestro Señor Jesucristo mismo, y Dios nuestro Padre, que nos ha amado y nos ha dado consuelo eterno y esperanza gracias a su bondad, anime sus corazones y los mantenga a ustedes constantes en hacer y decir siempre lo bueno.

—*2 Tesalonicenses 2.16–17* (DHH)

Bienaventurados los que lloran, porque ellos recibirán consolación.

—*Mateo 5.4* (RVR1960)

Toda la alabanza sea para Dios, el Padre de nuestro Señor Jesucristo. Dios es nuestro Padre misericordioso y la fuente de todo consuelo. Él nos consuela en todas nuestras dificultades para que nosotros podamos consolar a otros. Cuando otros pasen por dificultades, podremos ofrecerles el mismo consuelo que Dios nos ha dado a nosotros.

—*2 Corintios 1.3–4* (NTV)

El Espíritu del Señor omnipotente está sobre mí, por cuanto me ha ungido para anunciar buenas nuevas a los pobres. Me ha enviado a sanar los corazones heridos, a proclamar liberación a los cautivos y libertad a los prisioneros, a pregonar el año del favor del Señor y el día de la venganza de nuestro Dios, a consolar a todos los que están de duelo, y a confortar a los dolientes de Sión. Me ha enviado a darles una corona en vez de cenizas, aceite de alegría en vez de luto, traje de fiesta en vez de espíritu de desaliento. Serán llamados robles de justicia, plantío del Señor, para mostrar su gloria.

—*Isaías 61.1–3* (NVI)

Tu promesa es mi consuelo cuando sufro; tu palabra me devuelve la vida.

—*Salmo 119.50* (PDT)

¿Dónde está, oh muerte, tu aguijón? ¿Dónde, oh sepulcro, tu victoria? Porque el pecado es el aguijón de la muerte, y la ley es la que da poder al pecado. ¡Pero gracias sean dadas a Dios, de que nos da la victoria por medio de nuestro Señor Jesucristo!

—*1 Corintios 15.55–57* (RVC)

Aunque ande en valle de sombra de muerte, no temeré mal alguno, porque tú estarás conmigo; tu vara y tu cayado me infundirán aliento.

—*Salmo 23.4* (RVR1960)

No tenemos un sumo sacerdote que no pueda compadecerse de nuestras debilidades, sino uno que fue tentado en todo según nuestra semejanza, pero sin pecado. Acerquémonos, pues, confiadamente al trono de la gracia, para alcanzar misericordia y hallar gracia para el oportuno socorro.

—*Hebreos 4.15–16* (RVR1995)

No temas, que yo soy contigo; no desmayes, que yo soy tu Dios que te esfuerzo: siempre te ayudaré, siempre te sustentaré con la diestra de mi justicia.

—*Isaías 41.10* (RVA)

Lo mismo que en el pasado, ahora volverán los que tú rescataste y entrarán en Jerusalén con gritos de alegría. Estarán llenos de alegría, y el llanto y el dolor desaparecerán.

—*Isaías 51.11* (TLA)

Pero cobramos ánimo y preferimos más bien estar ausentes del cuerpo y habitar con el Señor.

—*2 Corintios 5.8* (BLA)

Echando toda vuestra ansiedad sobre él, porque él tiene cuidado de vosotros.

—*1 Pedro 5.7* (RVR1960)

Secará todas las lágrimas de ellos, y ya no habrá muerte, ni llanto, ni lamento, ni dolor; porque todo lo que antes existía ha dejado de existir.

—*Apocalipsis 21.4* (DHH)

QUÉ HACER CUANDO—duda de Dios.

Y Jesús respondió: «Tengan fe en Dios. En verdad les digo que cualquiera que diga a este monte: "Quítate y arrójate al mar," y no dude en su corazón, sino crea que lo que dice va a suceder, le será concedido. Por eso les digo que todas las cosas por las que oren y pidan, crean que ya las han recibido, y les serán concedidas».

—*Marcos 11.22–24* (NBLH)

No se inquieten por lo que van a comer o lo que van a beber. No se preocupen por esas cosas. Esas cosas dominan el pensamiento de los incrédulos en todo el mundo, pero su Padre ya conoce sus necesidades. Busquen el reino de Dios por encima de todo lo demás, y él les dará todo lo que necesiten.

—*Lucas 12.29–31* (NTV)

Ante la promesa de Dios no vaciló como un incrédulo, sino que se reafirmó en su fe y dio gloria a Dios, plenamente convencido de que Dios tenía poder para cumplir lo que había prometido.

—*Romanos 4.20–21* (NVI)

Yo anuncio desde un principio lo que está por venir; yo doy a conocer por anticipado lo que aún no ha sucedido. Yo digo: «Mi consejo permanecerá, y todo lo que quiero hacer lo haré.» Yo llamo desde el oriente, desde un país lejano al hombre que está en mis planes, y que es un ave de rapiña. Ya lo he dicho, y lo haré venir; ya lo he pensado, y así lo haré.

—*Isaías 46.10–11* (RVC)

Dios, que los ha llamado, lo hará por ustedes y pueden confiar en él.

—*1 Tesalonicenses 5.24* (PDT)

El Señor no retarda su promesa, según algunos la tienen por tardanza, sino que es paciente para con nosotros, no queriendo que ninguno perezca, sino que todos procedan al arrepentimiento.

—*2 Pedro 3.9* (RVR1960)

En cuanto a Dios, perfecto es su camino y acrisolada la palabra de Jehová; escudo es a todos los que en él esperan.

—*Salmo 18.30* (RVR1995)

He aquí que no se ha acortado la mano de Jehová para salvar, ni hase agravado su oído para oír.

—*Isaías 59.1* (RVA)

Queridos hermanos en Cristo, no se sorprendan si tienen que afrontar problemas que pongan a prueba su confianza en Dios. Eso no es nada extraño. Al contrario, alégrense de poder sufrir como Cristo sufrió, para que también se alegren cuando Cristo regrese y muestre su gloria y su poder.

—*1 Pedro 4.12–13* (TLA)

Porque como descienden de los cielos la lluvia y la nieve, y no vuelven allá sino que riegan la tierra, haciéndola producir y germinar, dando semilla al sembrador y pan al que come, así será mi palabra que sale de mi boca, no volverá a mí vacía sin haber realizado lo que deseo, y logrado el propósito para el cual la envié.

—*Isaías 55.10–11* (BLA)

Así que la fe es por el oír, y el oír, por la palabra de Dios.

—*Romanos 10.17* (RVR1960)

QUÉ HACER CUANDO—los problemas golpean su vida.

El Señor es bueno; es un refugio en horas de angustia: protege a los que en él confían.

—*Nahúm 1.7* (DHH)

Afligidos en todo, pero no agobiados; perplejos, pero no desesperados; perseguidos, pero no abandonados; derribados, pero no destruidos.

—*2 Corintios 4.8–9* (NBLH)

Aunque estoy rodeado de dificultades, tú me protegerás del enojo de mis enemigos. Extiendes tu mano, y el poder de tu mano derecha me salva.

—*Salmo 138.7* (NTV)

No se angustien. Confíen en Dios, y confíen también en mí.

—*Juan 14.1* (NVI)

Cuando atravieses las aguas, yo estaré contigo. Cuando cruces los ríos, no te ahogarás. Cuando tengas que atravesar por fuego, no te quemarás; las llamas no arderán en ti.

—*Isaías 43.2* (PDT)

Ahora bien, sabemos que Dios dispone todas las cosas para el bien de los que lo aman, es decir, de los que él ha llamado de acuerdo a su propósito.

—*Romanos 8.28* (RVC)

Me gozaré y alegraré en tu misericordia, porque has visto mi aflicción; has conocido mi alma en las angustias.

—*Salmo 31.7* (RVR1960)

Alzaré mis ojos a los montes. ¿De dónde vendrá mi socorro? Mi socorro viene de Jehová, que hizo los cielos y la tierra.

—*Salmo 121.1–2* (RVR1995)

Porque no tenemos un Pontífice que no se pueda compadecer de nuestras flaquezas; mas tentado en todo según nuestra semejanza, pero sin pecado. Lleguémonos pues confiadamente al trono de la gracia, para alcanzar misericordia, y hallar gracia para el oportuno socorro.

—*Hebreos 4.15–16* (RVA)

Así que no se preocupen por lo que pasará mañana. Ya tendrán tiempo para eso. Recuerden que ya tenemos bastante con los problemas de cada día.

—*Mateo 6.34* (TLA)

Bendito sea el Dios y Padre de nuestro Señor Jesucristo, Padre de misericordias y Dios de toda consolación, el cual nos consuela en toda tribulación nuestra, para que nosotros podamos consolar a los que están en cualquier aflicción con el consuelo con que nosotros mismos somos consolados por Dios.

—*2 Corintios 1.3–4* (BLA)

Por nada estéis afanosos, sino sean conocidas vuestras peticiones delante de Dios en toda oración y ruego, con acción de gracias. Y la paz de Dios, que sobrepasa todo entendimiento, guardará vuestros corazones y vuestros pensamientos en Cristo Jesús.

—*Filipenses 4.6–7* (RVR1960)

Así también regresarán los rescatados por el Señor, y entrarán en Sión dando gritos de alegría; sus rostros estarán siempre alegres; encontrarán felicidad y dicha, y el dolor y el llanto desaparecerán.

—*Isaías 51.11* (DHH)

QUÉ HACER CUANDO— tiene dolores físicos.

Amado, ruego que seas prosperado en todo así como prospera tu alma, y que tengas buena salud.

—*3 Juan 2* (NBLH)

Jesús recorrió todas las ciudades y aldeas de esa región, enseñando en las sinagogas y anunciando la Buena Noticia acerca del reino; y sanaba toda clase de enfermedades y dolencias.

—*Mateo 9.35* (NTV)

Así que toda la gente procuraba tocarlo, porque de él salía poder que sanaba a todos.

—*Lucas 6.19* (NVI)

Jesucristo es el mismo ayer, hoy y siempre.

—*Hebreos 13.8* (PDT)

Él mismo llevó en su cuerpo nuestros pecados al madero, para que nosotros, muertos ya al pecado, vivamos para la justicia. Por sus heridas fueron ustedes sanados.

—*1 Pedro 2.24* (RVC)

Él es quien perdona todas tus iniquidades, Él que sana todas tus dolencias.

—*Salmo 103.3* (RVR1960)

Mas él fue herido por nuestras rebeliones, molido por nuestros pecados. Por darnos la paz, cayó sobre él el castigo, y por sus llagas fuimos nosotros curados.

—*Isaías 53.5* (RVR1995)

Sáname, oh Jehová, y seré sano; sálvame, y seré salvo: porque tú eres mi alabanza.

—*Jeremías 17.14* (RVA)

Pero a ti te curaré las heridas. No importa que todos te desprecien y te llamen «Ciudad abandonada».

—*Jeremías 30.17* (TLA)

Y dijo: Si escuchas atentamente la voz del SEÑOR tu Dios, y haces lo que es recto ante sus ojos, y escuchas sus mandamientos, y guardas todos sus estatutos, no te enviaré ninguna de las enfermedades que envié sobre los egipcios; porque yo, el SEÑOR, soy tu sanador.

—*Éxodo 15.26* (BLA)

Atiende a mis palabras, hijo mío; préstales atención. Jamás las pierdas de vista, ¡grábatelas en la mente! Ellas dan vida y salud a todo el que las halla.

—*Proverbios 4.20–22* (DHH)

Él envió Su palabra y los sanó y los libró de la muerte.

—*Salmo 107.20* (NBLH)

Respondió el centurión y dijo: Señor, no soy digno de que entres bajo mi techo; solamente di la palabra, y mi criado sanará.

—*Mateo 8.8* (RVR1960)

¿Alguno está enfermo? Que llame a los ancianos de la iglesia, para que vengan y que oren por él y lo unjan con aceite en el nombre del Señor. Una oración ofrecida con fe, sanará al enfermo, y el Señor hará que se recupere; y si ha cometido pecados, será perdonado.

—*Santiago 5.14–15* (NTV)

Estas señales acompañarán a los que crean: en mi nombre expulsarán demonios; hablarán en nuevas lenguas; tomarán en sus manos serpientes; y cuando beban algo venenoso, no les hará daño alguno; pondrán las manos sobre los enfermos, y éstos recobrarán la salud.

—*Marcos 16.17–18* (NVI)

QUÉ HACER CUANDO—enfrenta problemas económicos.

Estimado hermano: le pido a Dios que te vaya bien en todo y que tengas buena salud física, así como la tienes espiritualmente.

—*3 Juan 2* (PDT)

Yo fui joven, y ya he envejecido, pero nunca vi desamparado a un justo, ni vi a sus hijos andar mendigando pan.

—*Salmo 37.25* (RVC)

Los leoncillos necesitan, y tienen hambre; pero los que buscan a Jehová no tendrán falta de ningún bien.

—*Salmo 34.10* (RVR1960)

Jehová es mi pastor, nada me faltará.

—*Salmo 23.1* (RVR1995)

Y vendrán sobre ti todas estas bendiciones, y te alcanzarán, cuando oyeres la voz de Jehová tu Dios. Bendito serás tú en la ciudad, y bendito tú en el campo. Bendito el fruto de tu vientre, y el fruto de tu bestia, la cría de tus vacas, y los rebaños de tus ovejas. Bendito tu canastillo y tus sobras. Bendito serás en tu entrar, y bendito en tu salir. Pondrá Jehová á tus enemigos que se levantaren contra ti, de rota batida delante de ti: por un camino saldrán á ti, por siete caminos huirán delante de ti. Enviará Jehová contigo la bendición en tus graneros, y en todo aquello en que pusieres tu mano; y te bendecirá en la tierra que Jehová tu Dios te da.

—*Deuteronomio 28.2–8* (RVA)

Cuando ya estén ustedes en la tierra que Dios prometió dar a sus antepasados, él los tratará con bondad. Les permitirá tener muchos hijos, y hará que sus ganados se multipliquen. Todo lo que ustedes siembren producirá abundantes cosechas, pues Dios abrirá los cielos, donde guarda la lluvia, y regará los sembrados de ustedes. En todo lo que ustedes hagan, siempre les irá bien. Nunca tendrán que pedir prestado nada; al contrario, ustedes tendrán de sobra para prestarles a otros países. Si ustedes obedecen los mandamientos de Dios y nunca lo desobedecen ni adoran a dioses falsos, siempre serán el país más importante del mundo.

—*Deuteronomio 28.11–13* (TLA)

Dad, y os será dado; medida buena, apretada, remecida y rebosante, vaciarán en vuestro regazo. Porque con la medida con que midáis, se os volverá a medir.

—*Lucas 6.38* (BLA)

Sanad enfermos, limpiad leprosos, resucitad muertos, echad fuera demonios; de gracia recibisteis, dad de gracia.

—*Mateo 10.8* (RVR1960)

Traigan su diezmo al tesoro del templo, y así habrá alimentos en mi casa. Pónganme a prueba en eso, a ver si no les abro las ventanas del cielo para vaciar sobre ustedes la más rica bendición. No dejaré que las plagas destruyan sus cosechas y sus viñedos. Todas las naciones les llamarán dichosos, porque ustedes tendrán un país encantador. Yo, el Señor todopoderoso, lo he dicho.

—*Malaquías 3.10–12* (DHH)

Que el primer día de la semana, cada uno de ustedes aparte y guarde según haya prosperado, para que cuando yo vaya no se recojan entonces ofrendas.

—*1 Corintios 16.2* (NBLH)

Recuerden lo siguiente: un agricultor que siembra sólo unas cuantas semillas obtendrá una cosecha pequeña. Pero el que siembra abundantemente obtendrá una cosecha abundante. Cada uno debe decidir en su corazón cuánto dar; y no den de mala gana ni bajo presión, «porque Dios ama a la persona que da con alegría.»Y Dios proveerá con generosidad todo lo que necesiten. Entonces siempre tendrán todo lo necesario y habrá bastante de sobra que compartir con otros.

—*2 Corintios 9.6–8* (NTV)

Y todo el que por mi causa haya dejado casas, hermanos, hermanas, padre, madre, hijos o terrenos, recibirá cien veces más y heredará la vida eterna.

—*Mateo 19.29* (NVI)

Repite siempre las palabras del libro de la ley de Moisés. Estúdialo día y noche, de manera que puedas actuar de acuerdo a lo escrito en él, para que te vaya bien y tengas éxito.

—*Josué 1.8* (PDT)

Porque al hombre que le agrada, Dios le da sabiduría, ciencia y gozo; mas al pecador da el trabajo de recoger y amontonar, para darlo al que agrada a Dios. También esto es vanidad y aflicción de espíritu.

—*Eclesiastés 2.26* (RVR1960)

La herencia del bueno alcanzará a los hijos de sus hijos, pero la riqueza del pecador está guardada para el justo.

—*Proverbios 13.22* (RVR1995)

Porque Jehová tu Dios te introduce en la buena tierra, tierra de arroyos, de aguas, de fuentes y de manantiales, que brotan en vegas y montes; tierra de trigo y cebada, de vides, higueras y granados; tierra de olivos, de aceite y de miel; tierra en la cual no comerás el pan con escasez, ni te faltará nada en ella; tierra cuyas piedras son hierro, y de cuyos montes sacarás cobre. Y comerás y te saciarás, y bendecirás a Jehová tu Dios por la buena tierra que te habrá dado. Cuídate de no olvidarte de Jehová tu Dios, para cumplir sus mandamientos, sus decretos y sus estatutos que yo te ordeno hoy; no suceda que comas y te sacies, y edifiques buenas casas en que habites, y tus vacas y tus ovejas se aumenten, y la plata y el oro se te multipliquen, y todo lo que tuvieres se aumente; y se enorgullezca tu corazón, y te olvides de Jehová tu Dios, que te sacó de tierra de Egipto, de casa de servidumbre . . . Sino acuérdate de Jehová tu Dios, porque él te da el poder para hacer las riquezas, a fin de confirmar su pacto que juró a tus padres, como en este día.

—*Deuteronomio 8.7–14, 18* (RVR1960)

Ya no se preocupen por lo que van a comer, o lo que van a beber, o por la ropa que se van a poner. Sólo los que no conocen a Dios se preocupan por eso. Ustedes tienen como padre a Dios que está en el cielo, y él sabe lo que ustedes necesitan. Lo más importante es que reconozcan a Dios como único rey, y que hagan lo que él les pide. Dios les dará a su tiempo todo lo que necesiten.

—*Mateo 6.31–33* (TLA)

Y mi Dios proveerá a todas vuestras necesidades, conforme a sus riquezas en gloria en Cristo Jesús.

—*Filipenses 4.19* (BLA)

QUÉ HACER CUANDO—tiene conflictos matrimoniales.

Luego, Dios el Señor dijo: «No es bueno que el hombre esté solo. Le voy a hacer alguien que sea una ayuda adecuada para él.»

—*Génesis 2.18* (DHH)

Sométanse unos a otros en el temor (la reverencia) de Cristo. Las mujeres estén sometidas a sus propios maridos como al Señor. Porque el marido es cabeza de la mujer, así como Cristo es cabeza de la iglesia, siendo Él mismo el Salvador del cuerpo. Pero así como la iglesia está sujeta a Cristo, también las mujeres deben estarlo a sus maridos en todo. Maridos, amen a sus mujeres, así como Cristo amó a la iglesia y se dio Él mismo por ella, para santificarla, habiéndola purificado por el lavamiento del agua con la palabra, a fin de presentársela a sí mismo, una iglesia en toda su gloria, sin que tenga mancha ni arruga ni cosa semejante, sino que fuera santa e inmaculada. Así deben también los maridos amar a sus mujeres, como a sus propios cuerpos. El que ama a su mujer, a sí mismo se ama. Porque nadie aborreció jamás su propio cuerpo, sino que lo sustenta y lo cuida, así como también Cristo a la iglesia; porque somos miembros de Su cuerpo. Por esto el hombre dejará a su padre y a su madre, y se unirá a su mujer, y los dos serán una sola carne. Grande es este misterio, pero hablo con referencia a Cristo y a la iglesia. En todo caso, cada uno de ustedes ame también a su mujer como a sí mismo, y que la mujer respete a su marido.

—*Efesios 5.21–33* (NBLH)

Líbrense de toda amargura, furia, enojo, palabras ásperas, calumnias y toda clase de mala conducta. Por el contrario, sean amables unos con otros, sean de buen corazón, y perdónense unos a otros, tal como Dios los ha perdonado a ustedes por medio de Cristo.

—*Efesios 4.31–32* (NTV)

Por eso el hombre deja a su padre y a su madre, y se une a su mujer, y los dos se funden en un solo ser.

—*Génesis 2.24* (NVI)

De la misma manera, esposas, obedezcan a sus esposos. Si algún esposo no le cree a la palabra de Dios, podrá ser convencido sin que se le tenga que decir una sola palabra, sino a través de la conducta de ustedes al ver la forma de ser santa y respetuosa de su esposa. Que su belleza no venga de los adornos externos, como peinados exagerados, joyas de oro o ropa fina. Su belleza debe venir del corazón, del interior de su ser, porque la belleza que no se echa a perder es la de un espíritu suave y tranquilo, valioso ante los ojos de Dios. Así se adornaban las mujeres santas que vivieron hace mucho tiempo. Tenían puesta su esperanza en Dios y obedecían a sus esposos. Me refiero a mujeres como Sara, quien obedeció a Abraham, su esposo, y lo llamaba su señor. Ustedes son verdaderas hijas de Sara si hacen el bien y no le dan lugar al miedo. De la misma manera, los esposos deben saber vivir con su esposa y respetarla como es debido. Ella es más débil que ustedes, pero al igual que a ustedes, Dios le ha dado la vida como un regalo. Respétenla para que nada impida que Dios escuche sus oraciones.

—*1 Pedro 3.1–7* (PDT)

Confía en el Señor de todo corazón, y no te apoyes en tu propia prudencia. Reconócelo en todos tus caminos, y él enderezará tus sendas.

—*Proverbios 3.5–6* (RVC)

Y si mal os parece servir a Jehová, escogeos hoy a quién sirváis; si a los dioses a quienes sirvieron vuestros padres, cuando estuvieron al otro lado del río, o a los dioses de los amorreos en cuya tierra habitáis; pero yo y mi casa serviremos a Jehová.

—*Josué 24.15* (RVR1960)

El amor no hace mal al prójimo; así que el cumplimiento de la Ley es el amor.

—*Romanos 13.10* (RVR1995)

Entenderé en el camino de la perfección Cuando vinieres á mí: En integridad de mi corazón andaré en medio de mi casa.

—*Salmo 101.2* (RVA)

En fin, todos ustedes deben vivir en armonía y amarse unos a otros. Pónganse de acuerdo en todo, para que permanezcan unidos. Sean buenos y humildes. Si alguien les hace algo malo, no hagan ustedes lo mismo; si alguien los insulta, no contesten con otro insulto. Al contrario, pídanle a Dios que bendiga a esas personas, pues él los eligió a ustedes para que reciban bendición. Porque, como dice la Biblia: «Los que de todo corazón deseen vivir y ser felices, deben cuidarse de no mentir y de no hablar mal de otros; deben hacer el bien, dejar de hacer el mal y vivir en paz con todos».

—*1 Pedro 3.8–11* (TLA)

El odio suscita rencillas, pero el amor cubre todas las transgresiones.

—*Proverbios 10.12* (BLA)

Habiendo purificado vuestras almas por la obediencia a la verdad, mediante el Espíritu, para el amor fraternal no fingido, amaos unos a otros entrañablemente, de corazón puro.

—*1 Pedro 1.22* (RVR1960)

QUÉ HACER CUANDO—espera a Dios.

¡Ten confianza en el Señor! ¡Ten valor, no te desanimes! ¡Sí, ten confianza en el Señor!

—*Salmo 27.14* (DHH)

Alma mía, espera en silencio solamente en Dios, pues de Él viene mi esperanza.

—*Salmo 62.5* (NBLH)

Nosotros ponemos nuestra esperanza en el SEÑOR; él es nuestra ayuda y nuestro escudo.

—*Salmo 33.20* (NTV)

Pero los que confían en el Señor renovarán sus fuerzas; volarán como las águilas: correrán y no se fatigarán, caminarán y no se cansarán.

—*Isaías 40.31* (NVI)

Esta visión es testimonio de que hay un día y una hora señalados. Aunque parezca que demora en llegar, espéralo; porque es seguro que llegará y no tardará.

—*Habacuc 2.3* (PDT)

Mantengamos firme y sin fluctuar la esperanza que profesamos, porque fiel es el que prometió.

—*Hebreos 10.23* (RVC)

Los ojos de todos esperan en ti, y tú les das su comida a su tiempo. Abres tu mano, y colmas de bendición a todo ser viviente.

—*Salmo 145.15–16* (RVR1960)

Esperé yo en Jehová; esperó mi alma, en su palabra he esperado.

—*Salmo 130.5* (RVR1995)

Porque participantes de Cristo somos hechos, con tal que conservemos firme hasta el fin el principio de nuestra confianza.

—*Hebreos 3.14* (RVA)

Dios destruirá para siempre el poder de la muerte. Dios secará las lágrimas de todos y borrará la vergüenza de su pueblo en toda la tierra. Ese día se dirá: «Ahí está nuestro Dios. En él confiamos, y nos salvó. ¡Gritemos de alegría porque Dios nos ha salvado!» Dios ha jurado que así será.

—*Isaías 25.9* (TLA)

LO QUE LA BIBLIA DICE ACERCA DE—la fe.

Ahora bien, la fe es la certeza de lo que se espera, la convicción de lo que no se ve.

—*Hebreos 11.1* (BLA)

Así que la fe es por el oír, y el oír, por la palabra de Dios.

—*Romanos 10.17* (RVR1960)

Por el encargo que Dios en su bondad me ha dado, digo a todos ustedes que ninguno piense de sí mismo más de lo que debe pensar. Antes bien, cada uno piense de sí con moderación, según los dones que Dios le haya dado junto con la fe.

—*Romanos 12.3* (DHH)

Puestos los ojos en Jesús, el autor y consumador de la fe, quien por el gozo puesto delante de Él soportó la cruz, despreciando la vergüenza, y se ha sentado a la diestra del trono de Dios.

—*Hebreos 12.2* (NBLH)

—Ustedes no tienen la fe suficiente —les dijo Jesús—. Les digo la verdad, si tuvieran fe, aunque fuera tan pequeña como una semilla de mostaza, podrían decirle a esta montaña: «Muévete de aquí hasta allá», y la montaña se movería. Nada sería imposible.

—*Mateo 17.20* (NTV)

—Tengan fe en Dios —respondió Jesús—. Les aseguro que si alguno le dice a este monte: «Quítate de ahí y tírate al mar», creyendo, sin abrigar la menor duda de que lo que dice sucederá, lo obtendrá. Por eso les digo: Crean que ya han recibido todo lo que estén pidiendo en oración, y lo obtendrán.

—*Marcos 11.22–24* (NVI)

La buena noticia acerca de Cristo revela el plan de Dios para traer justicia al mundo entero. Se está extendiendo de los que creen a los que van a creer, como está escrito: «El aprobado por Dios, por la fe vivirá».

—*Romanos 1.17* (PDT)

Porque vivimos por la fe, no por la vista.

—*2 Corintios 5.7* (RVC)

Pero sin fe es imposible agradar a Dios; porque es necesario que el que se acerca a Dios crea que le hay, y que es galardonador de los que le buscan.

—*Hebreos 11.6* (RVR1960)

Para que, sometida a prueba vuestra fe, mucho más preciosa que el oro (el cual, aunque perecedero, se prueba con fuego), sea hallada en alabanza, gloria y honra cuando sea manifestado Jesucristo. Vosotros, que lo amáis sin haberlo visto, creyendo en él aunque ahora no lo veáis, os alegráis con gozo inefable y glorioso, obteniendo el fin de vuestra fe, que es la salvación de vuestras almas.

—*1 Pedro 1.7–9* (RVR1995)

Porque todo aquello que es nacido de Dios vence al mundo: y esta es la victoria que vence al mundo, nuestra fe.

—*1 Juan 5.4* (RVA)

En el camino, pasaron por donde estaba una mujer que había estado enferma durante doce años. Su enfermedad le hacía perder mucha sangre. Al verlos pasar, la mujer pensó: «Si tan sólo pudiera tocar el manto de Jesús, con eso quedaría sana.» Entonces se acercó a Jesús por detrás y tocó su manto. Jesús se dio vuelta, vio a la mujer y le dijo: «Ya no te preocupes, tu confianza en Dios te ha sanado.»Y desde ese momento la mujer quedó sana.

—*Mateo 9.20–22* (TLA)

Y después de haber entrado en la casa, se acercaron a Él los ciegos, y Jesús les dijo: ¿Creéis que puedo hacer esto? Ellos le respondieron: Sí, Señor. Entonces les tocó los ojos, diciendo: Hágase en vosotros según vuestra fe.

—*Mateo 9.28–29* (BLA)

Jesús le dijo: Si puedes creer, al que cree todo le es posible.

—*Marcos 9.23* (RVR1960)

Si alguno está enfermo, que llame a los ancianos de la iglesia, para que oren por él y en el nombre del Señor lo unjan con aceite. Y cuando oren con fe, el enfermo sanará, y el Señor lo levantará; y si ha cometido pecados, le serán perdonados.

—*Santiago 5.14–15* (DHH)

LO QUE LA BIBLIA DICE ACERCA DE—servir a Dios.

Nadie puede servir a dos señores; porque o aborrecerá a uno y amará al otro, o apreciará a uno y despreciará al otro. Ustedes no pueden servir a Dios y a las riquezas.

—*Mateo 6.24* (NBLH)

Sirve sólo al SEÑOR tu Dios y teme solamente a él. Obedece sus mandatos, escucha su voz y aférrate a él.

—*Deuteronomio 13.4* (NTV)

—¡Vete, Satanás! —le dijo Jesús—. Porque escrito está: «Adora al Señor tu Dios y sírvele solamente a él.»

—*Mateo 4.10* (NVI)

Sólo les digo que pongan empeño en cumplir el mandamiento y la ley que les dio Moisés, el siervo del SEÑOR: que amen al SEÑOR su Dios, cumplan siempre su voluntad, obedezcan sus mandamientos, se mantengan unidos a él y le sirvan de todo corazón y con todo su ser».

—*Josué 22.5* (PDT)

Así que, hermanos, yo les ruego, por las misericordias de Dios, que se presenten ustedes mismos como un sacrificio vivo, santo y agradable a Dios. ¡Así es como se debe adorar a Dios! Y no adopten las costumbres de este mundo, sino transfórmense por medio de la renovación de su mente, para que comprueben cuál es la voluntad de Dios, lo que es bueno, agradable y perfecto.

—*Romanos 12.1–2* (RVC)

Amaos los unos a los otros con amor fraternal; en cuanto a honra, prefiriéndoos los unos a los otros. En lo que requiere diligencia, no perezosos; fervientes en espíritu, sirviendo al Señor; compartiendo para las necesidades de los santos; practicando la hospitalidad.

—*Romanos 12.10–11, 13* (RVR1960)

Pero ahora estamos libres de la Ley, por haber muerto para aquella a la que estábamos sujetos, de modo que sirvamos bajo el régimen nuevo del Espíritu y no bajo el régimen viejo de la letra.

—*Romanos 7.6* (RVR1995)

Mas á Jehová vuestro Dios serviréis, y él bendecirá tu pan y tus aguas; y yo quitaré toda enfermedad de en medio de ti. No habrá mujer que aborte, ni estéril en tu tierra; y yo cumpliré el número de tus días.

—*Éxodo 23.25–26* (RVA)

Por lo tanto, si obedecen los mandamientos que hoy les he dado, y aman y adoran a Dios con todo lo que piensan y con todo su ser, Dios les enviará sin falta la lluvia de otoño y de primavera. Así cosecharán ustedes su propio trigo, y no les faltarán el vino ni el aceite; tendrán abundancia de alimentos, y a su ganado no le faltarán pastos.

—*Deuteronomio 11.13–15* (TLA)

Y si no os parece bien servir al Señor, escoged hoy a quién habéis de servir: si a los dioses que sirvieron vuestros padres, que estaban al otro lado del río, o a los dioses de los amorreos en cuya tierra habitáis; pero yo y mi casa, serviremos al Señor.

—*Josué 24.15* (BLA)

Samuel les contestó: —No tengan miedo. Es cierto que ustedes han hecho muy mal; pero ahora no se aparten del Señor, sino ríndanle culto de todo corazón. No sigan a dioses falsos, que no pueden ayudar ni salvar porque son falsos. Pues el Señor, haciendo honor a su nombre, no los abandonará; porque él quiere que ustedes sean su pueblo.

—*1 Samuel 12.20–22* (DHH)

Y ahora, Israel, ¿qué requiere de ti el Señor tu Dios, sino que temas (reverencies) al Señor tu Dios, que andes en todos Sus caminos, que Lo ames y que sirvas al Señor tu Dios con todo tu corazón y con toda tu alma.

—*Deuteronomio 10.12* (NBLH)

Y tú, Salomón, hijo mío, aprende a conocer íntimamente al Dios de tus antepasados. Adóralo y sírvelo de todo corazón y con una mente dispuesta. Pues el Señor ve cada corazón y conoce todo plan y pensamiento. Si lo buscas, lo encontrarás; pero si te apartas de él, te rechazará para siempre.

—*1 Crónicas 28.9* (NTV)

Aclamen alegres al Señor, habitantes de toda la tierra; adoren al Señor con regocijo. Preséntense ante él con cánticos de júbilo . . . Entren por sus puertas con acción de gracias; vengan a sus atrios con himnos de alabanza; denle gracias, alaben su nombre.

—*Salmo 100.1–2, 4* (NVI)

LO QUE LA BIBLIA DICE ACERCA DE—la gracia de Dios.

Con gran poder, los apóstoles daban testimonio de la resurrección del Señor Jesús, y Dios bendecía mucho a todos los creyentes.

—*Hechos 4.33* (PDT)

Así contarás con el favor de Dios, y con una buena opinión ante los hombres.

—*Proverbios 3.4* (RVC)

Porque sol y escudo es Jehová Dios; Gracia y gloria dará Jehová. No quitará el bien a los que andan en integridad.

—*Salmo 84.11* (RVR1960)

—También haré esto que has dicho, por cuanto has hallado gracia a mis ojos y te he conocido por tu nombre —respondió Jehová a Moisés.

—*Éxodo 33.17* (RVR1995)

Vida y misericordia me concediste, y tu visitación guardó mi espíritu.

—*Job 10.12* (RVA)

Tú, Dios mío, bendices al que es bueno, y con tu amor lo proteges.

—*Salmo 5.12* (TLA)

Oh Señor, con tu favor has hecho que mi monte permanezca fuerte; tú escondiste tu rostro, fui conturbado.

—*Salmo 30.7* (BLA)

¡El Señor se ha acordado de nosotros y nos bendecirá! Bendecirá a los israelitas, bendecirá a los sacerdotes, bendecirá a los que lo honran, a grandes y pequeños.

—*Salmo 115.12–13* (DHH)

Porque el que me halla, halla la vida y alcanza el favor del Señor.

—*Proverbios 8.35* (NBLH)

Los justos se llenan de bendiciones; las palabras de los perversos encubren intenciones violentas. La bendición del Señor enriquece a una persona y él no añade ninguna tristeza. Los temores del perverso se cumplirán; las esperanzas del justo se concederán.

—*Proverbios 10.6, 22, 24* (NTV)

Los necios hacen mofa de sus propias faltas, pero los íntegros cuentan con el favor de Dios.

—*Proverbios 14.9* (NVI)

Extranjeros construirán tus murallas, y sus reyes te servirán. Te castigué estando enojado, pero de buen ánimo te mostraré compasión.

—*Isaías 60.10* (PDT)

Pues nosotros padecemos todas estas cosas por amor a ustedes, para que al multiplicarse la gracia por medio de muchos, más se multipliquen los que den gracias, para la gloria de Dios.

—*2 Corintios 4.15* (RVC)

Para alabanza de la gloria de su gracia, con la cual nos hizo aceptos en el Amado.

—*Efesios 1.6* (RVR1960)

Acerquémonos, pues, confiadamente al trono de la gracia, para alcanzar misericordia y hallar gracia para el oportuno socorro.

—*Hebreos 4.16* (RVR1995)

LO QUE LA BIBLIA DICE ACERCA DE—el Espíritu Santo.

¿O ignoráis que vuestro cuerpo es templo del Espíritu Santo, el cual está en vosotros, el cual tenéis de Dios, y que no sois vuestros?

—*1 Corintios 6.19* (RVA)

Y si aprendemos a soportarlo, seremos aprobados por Dios. Y si él nos aprueba, podremos estar seguros de nuestra salvación. De eso estamos seguros: Dios cumplirá su promesa, porque él nos ha llenado el corazón con su amor, por medio del Espíritu Santo que nos ha dado.

—*Romanos 5.5* (TLA)

Y yo rogaré al Padre, y Él os dará otro Consolador para que esté con vosotros para siempre; es decir, el Espíritu de verdad, a quien el mundo no puede recibir, porque ni le ve ni le conoce, pero vosotros sí le conocéis porque mora con vosotros y estará en vosotros.

—*Juan 14.16–17* (BLA)

Pero yo os digo la verdad: Os conviene que yo me vaya; porque si no me fuera, el Consolador no vendría a vosotros; mas si me fuere, os lo enviaré. Pero cuando venga el Espíritu de verdad, él os guiará a toda la verdad; porque no hablará por su propia cuenta, sino que hablará todo lo que oyere, y os hará saber las cosas que habrán de venir.

—*Juan 16.7, 13* (RVR1960)

Yo, en verdad, los bautizo con agua para invitarlos a que se vuelvan a Dios; pero el que viene después de mí los bautizará con el Espíritu Santo y con fuego. Él es más poderoso que yo, que ni siquiera merezco llevarle sus sandalias.

—*Mateo 3.11* (DHH)

Pues si ustedes siendo malos, saben dar buenas dádivas a sus hijos, ¿cuánto más su Padre celestial dará el Espíritu Santo a los que se Lo pidan?

—*Lucas 11.13* (NBLH)

Entonces, después de hacer todas esas cosas, derramaré mi Espíritu sobre toda la gente. Sus hijos e hijas profetizarán. Sus ancianos tendrán sueños y sus jóvenes tendrán visiones.

—*Joel 2.28* (NTV)

Una vez, mientras comía con ellos, les ordenó: —No se alejen de Jerusalén, sino esperen la promesa del Padre, de la cual les he hablado: Juan bautizó con agua, pero dentro de pocos días ustedes serán bautizados con el Espíritu Santo . . . Pero cuando venga el Espíritu Santo sobre ustedes, recibirán poder y serán mis testigos tanto en Jerusalén como en toda Judea y Samaria, y hasta los confines de la tierra.

—*Hechos 1.4–5, 8* (NVI)

Las Escrituras dicen que del interior del que cree en mí saldrán ríos de agua viva. Jesús dijo eso acerca del Espíritu, que recibirían después los que creyeran en él pues aún no estaba el Espíritu, porque Jesús todavía no había sido glorificado.

—*Juan 7.38–39* (PDT)

Todos ellos fueron llenos del Espíritu Santo, y comenzaron a hablar en otras lenguas, según el Espíritu los llevaba a expresarse.

—*Hechos 2.4* (RVC)

Pedro les dijo: Arrepentíos, y bautícese cada uno de vosotros en el nombre de Jesucristo para perdón de los pecados; y recibiréis el don del Espíritu Santo.

—*Hechos 2.38* (RVR1960)

Cuando hubieron orado, el lugar en que estaban congregados tembló; y todos fueron llenos del Espíritu Santo, y hablaban con denuedo la palabra de Dios.

—*Hechos 4.31* (RVR1960)

No os embriaguéis con vino, en lo cual hay disolución; antes bien sed llenos del Espíritu.

—*Efesios 5.18* (RVR1995)

Y los apóstoles que estaban en Jerusalem, habiendo oído que Samaria había recibido la palabra de Dios, les enviaron á Pedro y á Juan: Los cuales venidos, oraron por ellos, para que recibiesen el Espíritu Santo; (Porque aun no había descendido sobre ninguno de ellos, mas solamente eran bautizados en el nombre de Jesús.) Entonces les impusieron las manos, y recibieron el Espíritu Santo.

—*Hechos 8.14–17* (RVA)

Todavía estaba hablando Pedro con ellos cuando, de repente, el Espíritu Santo vino sobre todos los que estaban escuchando el mensaje. Los que habían venido de Jope con Pedro se quedaron sorprendidos al ver que el Espíritu Santo había venido también sobre los que no eran judíos. Y los oían hablar y alabar a Dios en idiomas desconocidos.

—*Hechos 10.44–46* (TLA)

Y les dijo: ¿Recibisteis el Espíritu Santo cuando creísteis? Y ellos le respondieron: No, ni siquiera hemos oído si hay un Espíritu Santo. Entonces él dijo: ¿En qué bautismo, pues, fuisteis bautizados? Ellos contestaron: En el bautismo de Juan. Y Pablo dijo: Juan bautizó con el bautismo de arrepentimiento, diciendo al pueblo que creyeran en aquel que vendría después de él, es decir, en Jesús. Cuando oyeron esto, fueron bautizados en el nombre del Señor Jesús. Y cuando Pablo les impuso las manos, vino sobre ellos el Espíritu Santo, y hablaban en lenguas y profetizaban.

—*Hechos 19.2–6* (BLA)

LO QUE LA BIBLIA DICE ACERCA DE—la fidelidad de Dios.

Fiel es el que os llama, el cual también lo hará.

—*1 Tesalonicenses 5.24* (RVR1960)

«Así como juré a Noé, cuando el diluvio, no volver a inundar la tierra, así juro ahora no volver a enojarme contigo ni volver a amenazarte. Aunque las montañas cambien de lugar y los cerros se vengan abajo, mi amor por ti no cambiará ni se vendrá abajo mi alianza de paz.» Lo dice el Señor, que se compadece de ti.

—*Isaías 54.9–10* (DHH)

Bien has obrado con Tu siervo, Oh SEÑOR, conforme a Tu palabra.

—*Salmo 119.65* (NBLH)

Cuando yo vea el arco iris en las nubes, me acordaré del pacto eterno entre Dios y toda criatura viviente sobre la tierra.

—*Génesis 9.16* (NTV)

Yo estoy contigo. Te protegeré por dondequiera que vayas, y te traeré de vuelta a esta tierra. No te abandonaré hasta cumplir con todo lo que te he prometido.

—*Génesis 28.15* (NVI)

Lo hizo porque el SEÑOR te ama y quiere cumplir la promesa que les hizo a tus antepasados, que el SEÑOR te sacaría de Egipto por su gran poder y te liberaría de la esclavitud y del poder del faraón, rey de Egipto. Entonces reconoce ahora que el SEÑOR tu Dios es el único Dios. Es un Dios fiel que mantiene por mil generaciones su pacto y fiel amor hacia todos aquellos que lo aman y obedecen sus mandamientos.

—*Deuteronomio 7.8–9* (PDT)

Yo estoy listo ya para entrar por el camino de la muerte. Ustedes deben reconocer de todo corazón y con toda el alma, que ninguna de las promesas que el Señor nuestro Dios les hizo ha quedado sin cumplirse. Todas ellas se han cumplido.

—*Josué 23.14* (RVC)

Bendito sea Jehová, que ha dado paz a su pueblo Israel, conforme a todo lo que él había dicho; ninguna palabra de todas sus promesas que expresó por Moisés su siervo, ha faltado.

—*1 Reyes 8.56* (RVR1960)

Jehová, hasta los cielos llega tu misericordia y tu fidelidad alcanza hasta las nubes.

—*Salmo 36.5* (RVR1995)

Las misericordias de Jehová cantaré perpetuamente; en generación y generación haré notoria tu verdad con mi boca. Porque dije: Para siempre será edificada misericordia; en los mismos cielos apoyarás tu verdad . . . Mas no quitaré de él mi misericordia, ni falsearé mi verdad. No olvidaré mi pacto, ni mudaré lo que ha salido de mis labios.

—*Salmo 89.1–2, 33–34* (RVA)

Dios jamás permitirá que sufras daño alguno. Dios te cuida y nunca duerme. ¡Dios cuida de Israel, y nunca duerme!

—*Salmo 121.3–4* (TLA)

Fiel es Dios, por medio de quien fuisteis llamados a la comunión con su Hijo Jesucristo, Señor nuestro.

—*1 Corintios 1.9* (BLA)

No os ha sobrevenido ninguna tentación que no sea humana; pero fiel es Dios, que no os dejará ser tentados más de lo que podéis resistir, sino que dará también juntamente con la tentación la salida, para que podáis soportar.

—*1 Corintios 10.13* (RVR1960)

No es que el Señor se tarde en cumplir su promesa, como algunos suponen, sino que tiene paciencia con ustedes, pues no quiere que nadie muera, sino que todos se vuelvan a Dios.

—*2 Pedro 3.9* (DHH)

Si somos infieles (incrédulos), Él permanece fiel, pues no puede negarse Él mismo . . . No obstante, el sólido fundamento de Dios permanece firme, teniendo este sello: «El Señor conoce a los que son Suyos,» y: «Que se aparte de la iniquidad todo aquél que menciona el nombre del Señor.»

—*2 Timoteo 2.13, 19* (NBLH)

LO QUE LA BIBLIA DICE ACERCA DE—la iglesia.

Y el plan es el siguiente: a su debido tiempo, Dios reunirá todas las cosas y las pondrá bajo la autoridad de

Cristo, todas las cosas que están en el cielo y también las que están en la tierra . . . Dios ha puesto todo bajo la autoridad de Cristo, a quien hizo cabeza de todas las cosas para beneficio de la iglesia. Y la iglesia es el cuerpo de Cristo; él la completa y la llena, y también es quien da plenitud a todas las cosas en todas partes con su presencia.

—*Efesios 1.10, 22–23* (NTV)

Él nos libró del dominio de la oscuridad y nos trasladó al reino de su amado Hijo . . . Él es la cabeza del cuerpo, que es la iglesia. Él es el principio, el primogénito de la resurrección, para ser en todo el primero.

—*Colosenses 1.13, 18* (NVI)

Jesús les dijo: —Y ustedes, ¿quién creen que soy yo? Simón Pedro le respondió: —Tú eres el Mesías, el Hijo del Dios viviente. Jesús le dijo: —Simón, hijo de Jonás, qué afortunado eres porque no fue un ser humano el que te lo reveló, sino mi Padre que está en el cielo. También te digo que tú eres Pedro, y construiré mi iglesia sobre esta roca. Las fuerzas de la muerte no la derrotarán.

—*Mateo 16.15–18* (PDT)

Y están edificados sobre el fundamento de los apóstoles y profetas, cuya principal piedra angular es Jesucristo mismo. En Cristo, todo el edificio, bien coordinado, va creciendo para llegar a ser un templo santo en el Señor; en Cristo, también ustedes son edificados en unión con él, para que allí habite Dios en el Espíritu.

—*Efesios 2.20–22* (RVC)

De quien toma nombre toda familia en los cielos y en la tierra . . . a él sea gloria en la iglesia en Cristo Jesús por todas las edades, por los siglos de los siglos. Amén.

—*Efesios 3.15, 21* (RVR1960)

Porque el marido es cabeza de la mujer, así como Cristo es cabeza de la iglesia, la cual es su cuerpo, y él es su Salvador. Así que, como la iglesia está sujeta a Cristo, así también las casadas lo estén a sus maridos en todo. Maridos, amad a vuestras mujeres, así como Cristo amó a la iglesia y se entregó a sí mismo por ella, para santificarla, habiéndola purificado en el lavamiento del agua por la palabra, a fin de presentársela a sí mismo, una iglesia gloriosa, que no tuviera mancha ni arruga ni cosa semejante, sino que fuera santa y sin mancha . . . pues nadie odió jamás a su propio cuerpo, sino que lo sustenta y lo cuida, como también Cristo a la iglesia.

—*Efesios 5.23–27, 29* (RVR1995)

Y en él estáis cumplidos, el cual es la cabeza de todo principado y potestad . . . Y no teniendo la cabeza, de la cual todo el cuerpo, alimentado y conjunto por las ligaduras y conjunturas, crece en aumento de Dios.

—*Colosenses 2.10, 19* (RVA)

El cuerpo humano está compuesto de muchas partes, pero no todas ellas tienen la misma función. Algo parecido pasa con nosotros como iglesia: aunque somos muchos, todos juntos formamos el cuerpo de Cristo.

—*Romanos 12.4–5* (TLA)

Porque así como el cuerpo es uno, y tiene muchos miembros, pero todos los miembros del cuerpo, aunque son muchos, constituyen un solo cuerpo, así también es Cristo. Pues por un mismo Espíritu todos fuimos bautizados en un solo cuerpo, ya judíos o griegos, ya esclavos o libres, y a todos se nos dio a beber del mismo Espíritu. Porque el cuerpo no es un solo miembro, sino muchos. Si el pie dijera: Porque no soy mano, no soy parte del cuerpo, no por eso deja de ser parte del cuerpo. Y si el oído dijera: Porque no soy ojo, no soy parte del cuerpo, no por eso deja de ser parte del cuerpo. Si todo el cuerpo fuera ojo, ¿qué sería del oído? Si todo fuera oído, ¿qué sería del olfato? Ahora bien, Dios ha colocado a cada uno de los miembros en el cuerpo según le agradó. Y si todos fueran un solo miembro, ¿qué sería del cuerpo? Sin embargo, hay muchos miembros, pero un solo cuerpo. Y el ojo no puede decir a la mano: No te necesito; ni tampoco la cabeza a los pies: No os necesito. Por el contrario, la verdad es que los miembros del cuerpo que parecen ser los más débiles, son los más necesarios; y las partes del cuerpo que estimamos menos honrosas, a éstas las vestimos con más honra; de manera que las partes que consideramos más íntimas, reciben un trato más honroso, ya que nuestras partes presentables no lo necesitan. Mas así formó Dios el cuerpo, dando mayor honra a la parte que carecía de ella, a fin de que en el cuerpo no haya división, sino que los miembros tengan el mismo cuidado unos por otros. Y si un miembro sufre, todos los miembros sufren con él; y si un miembro es honrado, todos los miembros se regocijan con él. Ahora bien, vosotros sois el cuerpo de Cristo, y cada uno individualmente un miembro de él. Y en la iglesia, Dios ha designado: primeramente, apóstoles; en segundo lugar, profetas; en tercer lugar, maestros; luego, milagros; después, dones de sanidad, ayudas, administraciones, diversas clases de lenguas.

—*1 Corintios 12.12–28* (BLA)

Os rogamos, hermanos, que reconozcáis a los que trabajan entre vosotros, y os presiden en el Señor, y os amonestan; y que los tengáis en mucha estima y amor por causa de su obra. Tened paz entre vosotros.

—*1 Tesalonicenses 5.12–13* (RVR1960)

Y él mismo concedió a unos ser apóstoles y a otros profetas, a otros anunciar el evangelio y a otros ser pastores y maestros. Así preparó a los del pueblo santo para un trabajo de servicio, para la edificación del cuerpo de Cristo.

—*Efesios 4.11–12* (DHH)

Entonces los que habían recibido su palabra fueron bautizados; y se añadieron aquel día como 3,000 almas (personas). Y se dedicaban continuamente a las enseñanzas de los apóstoles, a la comunión, al partimiento del pan y a la oración. Sobrevino temor a toda persona; y muchos prodigios y señales (milagros) se hacían por los apóstoles. Todos los que habían creído estaban juntos y tenían todas las cosas en común; vendían todas sus propiedades y sus bienes y los compartían con todos, según la necesidad de cada uno. Día tras día continuaban unánimes en el templo y partiendo el pan en los hogares, comían juntos con alegría y sencillez de corazón, alabando a Dios y hallando favor con todo el pueblo. Y el Señor añadía cada día al número de ellos los que iban siendo salvos.

—*Hechos 2.41–47* (NBLH)

Acuérdense de los líderes que les enseñaron la palabra de Dios. Piensen en todo lo bueno que haya resultado de su vida y sigan el ejemplo de su fe . . . Obedezcan a sus líderes espirituales y hagan lo que ellos dicen. Su tarea es cuidar el alma de ustedes y tienen que rendir cuentas a Dios. Denles motivos para que la hagan con alegría y no con dolor. Esto último ciertamente no los beneficiará a ustedes.

—*Hebreos 13.7, 17* (NTV)

¡Cuán bueno y cuán agradable es que los hermanos convivan en armonía!

—*Salmo 133.1* (NVI)

Lista de oración por almas

Lista de oración por almas

Lista de oración por almas

Almas ganadas para Cristo

Almas ganadas para Cristo

Almas ganadas para Cristo